Matthias Eickhoff

Die schönsten Radtouren im Emsland

Bielefelder Verlag

Impressum:

Ravensberger Str. 10 F, 33602 Bielefeld,
www.fahrrad-buecher-karten.de

Mit freundlicher Unterstützung der Emsland Touristik GmbH,
Ordeniederung 1, 49716 Meppen

Buch- und Umschlaggestaltung: Green Tomato, Bielefeld

Fotos: Matthias Eickhoff

Kartographie: Bielefelder Verlag

Druck: Klingenberg Buchkunst Leipzig

ISBN-13: 978-3-87073-384-1
ISBN-10: 3-87073-384-5

Radfahrparadies Emsland

Das Land an Ems und Hase ist für Radler wie geschaffen: Zumeist ist es absolut flach oder nur sanft wellig und 1400 km gut ausgeschilderte Radwege laden zu vielfältigen Entdeckungstouren ein. Dabei bietet sich den Besuchern eine erstaunliche Auswahl, denn das Emsland präsentiert sich sehr facettenreich. Nach einer Tour entlang den Ufern von Ems und Hase fühlt man sich im hügeligen Hümmling schnell wie in einer anderen Welt. Historische Fehnkolonien wie Papenburg und alte Festungsstädte wie Meppen oder Lingen sorgen für reizvolle Kontraste.

Geprägt wird die Region von der Ems, die von Rheine kommend oft in weiten Schleifen nach Norden führt und bei Papenburg das Emsland verlässt. Durch den Bau des Dortmund-Ems-Kanals 1892-99 wurde der Fluss nördlich von Meppen jedoch stark begradigt. Heute erlauben Radwege an den Ufern der kanalisierten Ems, ständig am Wasser zu sein. Der zweite bedeutende Fluss des Emslandes ist die Hase. Zwischen Haselünne und Meppen wird sie seit einigen Jahren erfolgreich wieder renaturiert. Das Hasetal erhält seinen natürlichen Charme zurück.

Schloss Clemenswerth

Der Freizeitwert des Emslandes ist sehr hoch: Naturgeschützte Hochmoore und Wacholderhaine, Freizeitseen, große Waldgebiete, interessante Museen, barocke Schlösser und Herrensitze, urige Bauerncafés, schmucke Fachwerk-Bauernhöfe und herausgeputzte Innenstädte bieten für jeden Geschmack etwas. Und schon kurze Ausflüge zu den Nachbarn in den Niederlanden, Westfalen und Ostfriesland (Touren 1, 4, 9, 11) führen zu weiteren Höhepunkten.

Deshalb ist es kein Wunder, dass das 2881 km² große Emsland bei Radfahrern immer beliebter wird. Hier finden die Menschen unter dem weiten Horizont der norddeutschen Tiefebene Erholung und Entspannung – die Gegend lädt zum Wiederkommen ein.

Es begann in der Steinzeit

Die wahrscheinlich ersten Menschen, die das Emsland für sich entdeckten, lebten vor 4500-4000 Jahren in der Jüngeren Steinzeit. Die Eiszeiten hatten in der Moränenlandschaft des Hümmlings große Mengen riesiger Findlinge hinterlassen. Diese nutzten die ersten Bewohner zum Bau der gewaltigen und geheimnisvollen Großsteingräber, von denen rund 80 im Emsland zu finden sind. Aufgrund ihrer schieren Größe glaubten die Menschen früher, nur Hünen

Hase-Tal bei Groß Dörgen

Marinapark Walchum

hätten diese Anlagen errichten könnten, doch wie die Steinzeitgesellschaft wirklich lebte, liegt noch immer im Dunkeln. Besonders beeindruckend ist die „Hünengräberstraße des Hümmlings" (Tour 6). Auch in der Bronze- und Eisenzeit, vor 2500-3500 Jahren, war das Emsland besiedelt. Aus dieser Zeit sind einige wenige Grabhügelfelder erhalten geblieben. Westlich der Ems verhinderte das große Bourtanger Moor menschliche Ansiedlungen.

Wechselvolle Geschichte

An der Wende zum 9. Jh. begann die Christianisierung des Emslandes. Bald übten das Kloster Corvey sowie die Bistümer Münster und Osnabrück großen Einfluss aus. 1252 gelang dem Bischof von Münster der Erwerb weiter Teile des Emslandes, nur die Niedergrafschaft Lingen blieb noch lange selbstständig. Doch das Emsland blieb von den Konflikten der mächtigen Nachbarn nicht verschont. Im 16. und 17. Jh. erschütterten der niederländische Freiheitskampf und der 30-jährige Krieg auch die hiesige Region. Lingen wurde im 17. Jh. sogar mehr als 70 Jahre von Oraniern regiert, bevor es 1702 an Preußen fiel. Im 18. Jh. entstanden die schönsten Landsitze des Emslandes, darunter vor allem das barocke Jagdschloss Clemenswerth in Sögel. 1803 sorgte Napoleons Aufstieg für das Ende des Fürstbistums Münster. Neue Landesherren wurden die Herzöge von Arenberg. Nach 1815 fiel die Oberhoheit an das Königreich Hannover, später an Preußen. Wirtschaftlich ging es der Region und den meisten Menschen lange sehr schlecht, das dünnbesiedelte Emsland galt als arm und rückständig. Das änderte sich erst nach dem Zweiten Weltkrieg, als der Emslandplan zur raschen Erschließung der Moore und des gesamten Emslan-

Bürgerhaus, Petersilienstraße Haselünne

des führte. 1977 entstand schließlich mit dem Zusammenschluss der drei Altkreise Lingen, Meppen und Aschendorf-Hümmling der heutige Kreis Emsland, der mit rund 310 000 Einwohnern zu den dynamischsten Regionen Niedersachsens gehört.

Die Highlights per Rad

Die 12 Radtouren zwischen 19 und 67 km Länge sind als Halbtages- oder Tagestouren für Freizeit-Radler gedacht. Zwei Touren folgen dabei dem Verlauf der Ems (Tour 3 + 7). Das Emsland wird zudem von mehreren Fernradwegen durchzogen. An erster Stelle steht die 275 km lange Emsland-Route, populär sind auch der Ems-Radweg, die Rad-Route Dortmund-Ems-Kanal sowie die Hase-Ems-Tour. 2005 wurde der Geest-Radweg eingeweiht und die United-Countries-Tour soll deutlich erweitert werden. Die beschriebenen Touren sind immer wieder Teilstücke dieser Fernradwege. Der Hauptstrecke der Emsland-Route folgen wir auf den Touren 1, 3, 7 und 10.

Die Tourenauswahl ermöglicht die Verknüpfung der Touren zu mehrtägigen Ausflügen. Durch die Verbindung von Tour 7 und 10 lässt sich z. B. ohne Probleme eine zwei- oder gar viertägige Tour erstellen, die zwischen Meppen und Papenburg die wichtigsten Sehenswürdigkeiten berührt.

Einige wenige Touren sind keine Rundfahrten (Touren 3, 7 und 10). Sie beginnen und enden aber an einem Bahnhof der vielbefahrenen Bahnlinie Rheine-Lingen-Meppen-Papenburg-Emden, sodass An- und Abreise mit Fahrrädern problemlos möglich ist.

Das Buch zeigt auch die „abgelegeneren" Regionen des Emslandes: die Lingener Höhe (Tour 2), den Twist (Tour 4), Herzlake (Tour 6), Esterwegen/Nordhümmling (Tour 11) und Werlte (Tour 12). Diese Orte sind allesamt leider nicht per Bahn zu erreichen. Besonders empfehlenswert für Kinder ist die Tour 8 rund um Haren. Hier gibt es zahlreiche kinderfreundliche Freizeitangebote, die der gesamten Familie etwas bieten.

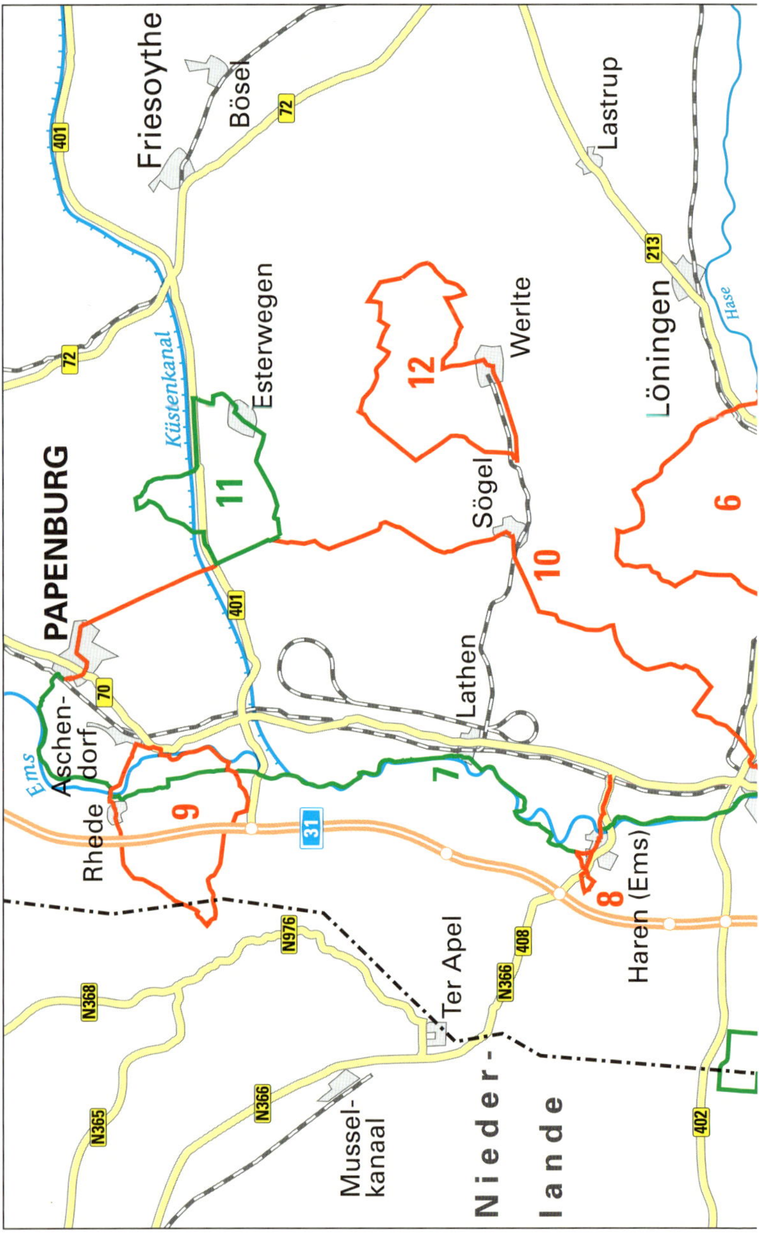
Friesoythe
Bösel
401
72
Lastrup
213
Esterwegen
Werlte
12
Löningen
Hase
Küstenkanal
PAPENBURG
11
Sögel
10
6
401
72
Lathen
70
Aschen-
dorf
Ems
7
9
Rhede
31
Haren (Ems)
8
Ter Apel
N976
408
N366
N368
N365
N366
Mussel-
kanaal
Nieder-
lande
402

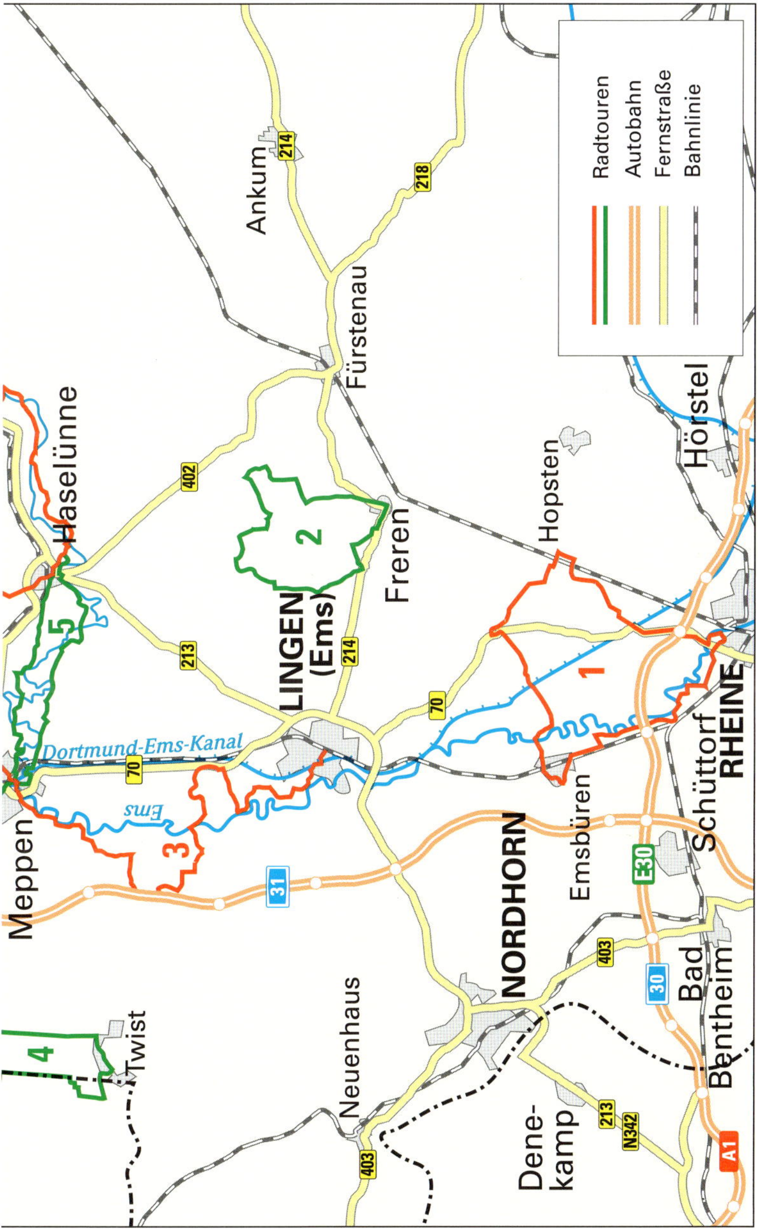
Radtouren
Autobahn
Fernstraße
Bahnlinie
Ankum
214
218
Fürstenau
Haselünne
402
2
Freren
Hopsten
Hörstel
LINGEN
(Ems)
214
5
213
70
1
Dortmund-Ems-Kanal
RHEINE
Schüttorf
Emsbüren
Ems
Meppen
3
31
NORDHORN
E30
403
30
Bad
Bentheim
Neuenhaus
4
Twist
Dene-
kamp
213
N342
403
A1

Information

Für alle Touren sowie Fragen zu Übernachtungen, Gepäckservice, Fahrradverleih etc. ist die kreiseigene Emsland-Touristik in Meppen der kompetente Ansprechpartner: Emsland-Touristik GmbH, Ordeniederung 1, 49716 Meppen, Tel. (05931) 44 22 66, E-Mail: info@emsland-touristik.de, Internet: www.emsland. com.

Bockwindmühle, Papenburg

Zum Gebrauch des Buches

Alle Kapitel enthalten einen Einführungstext, einen blau unterlegten Informationskasten, eine Wegweisungstabelle („Die Tour auf einen Blick") und eine Karte mit der rot eingezeichneten Route. Anschließend beginnt die Tourbeschreibung, die sich gliedert in gelb unterlegte Wegbeschreibungen mit dem Radler-Logo und Erläuterungen zu Sehenswürdigkeiten (auf weißem Grund wie diese Zeilen). Karte und Text sind verknüpft durch die schwarzen und roten Punkte mit weißer Nummerierung – so kann man schnell vom Text in die Karte „springen" und umgekehrt. Die schwarzen Kreise markieren Orientierungspunkte, die roten stehen für besondere Sehenswürdigkeiten. Die schwarzen und roten fettgedruckten Worte im Text der Wegweisungstabellen werden ebenso wie die Kilometrierung im beschreibenden Text aufgenommen. Die km-Zahlen laufen auf der Randleiste mit.

Kartenmaterial: Das gesamte Emsland ist auf der gleichnamigen Radwanderkarte im Maßstab 1:75.000 (BVA) dargestellt.

Schiffsüberführung »Norwegian Jewel« auf Ems + Meyer Werft (b. Papenburg)

Idyllische Emsauen und weites Bauernland

Emsbüren – Lünne – Spelle – Bentlage – Salzbergen – Emsbüren

Das südliche Emsland ist eine reizvolle Parklandschaft mit abwechslungsreichen Sehenswürdigkeiten: Die Ems verlässt bei Rheine die westfälische Bucht und durchschlängelt die Region in zahlreichen idyllischen Schleifen. Parallel dazu verläuft der Dortmund-Ems-Kanal, der an schönen Sommertagen zu einem erfrischenden Bad einlädt. Hübsche Ortschaften mit Fachwerkhäusern und Bauerncafés, bewaldete Emsauen, Reste der ehemals großflächigen Moore wie die Speller Dose sowie die weite bäuerlich geprägte Landschaft sind für Radtouren ideal. Knapp hinter der westfälischen »Grenze« lockt das Kloster Bentlage mit seiner bedeutenden Kunstsammlung. Großartig sind auch die benachbarte Saline und der Naturzoo, Heimat der größten Weißstorchkolonie Westfalens.

Start/Ziel:	Bahnhof Leschede (Emsbüren)
Streckenlänge:	55,2 km
Sehenswürdigkeiten:	Listrup: Emswehr und Schleuse; Lünne: Emsländer Brauhaus, Blauer See; Spelle: Moorlehrpfad Speller Dose, Hof Wöhle; Rheine-Bentlage: Kloster und Museum, Saline, Naturzoo; Emsbüren: Mehringer Großsteingräber, Enkings Mühle, Heimathof, St.-Andreas-Kirche
Wegbeschaffenheit:	Flach. Zumeist wenig befahrene Feldwege, z. T. unasphaltiert
Wegweisung:	Emsland-Route (ELR), Ems-Radweg (ERW), Hase-Ems-Tour (HET)
Information:	Verkehrs- und Verschönerungsverein Emsbüren e.V., Schulstraße 6, 48488 Emsbüren, Tel. (05903) 93 57 58, E-Mail: vvv@emsbueren.de, Internet: www.vvv-emsbueren.de; Touristikverein Freren-Lengerich-Spelle e.V., Mühlenstraße 39, 49832 Freren, Tel. (05902) 94 08 00, E-Mail: info@touristikverein-fls.de, Internet: www.touristikverein-fls.de; Verkehrsverein Rheine, Bahnhofstraße 14, 48431 Rheine, Tel. (05971) 540 55, E-Mail: verkehrsverein-rheine@t-online.de, Internet: www.rheine.de; Gemeinde Salzbergen, Franz-Schratz-Straße 12, 48499 Salzbergen, Tel. (05976) 94 79 27, E-Mail: info@salzbergen.de, Internet: www.salzbergen.de

Enkings Mühle, Emsbüren

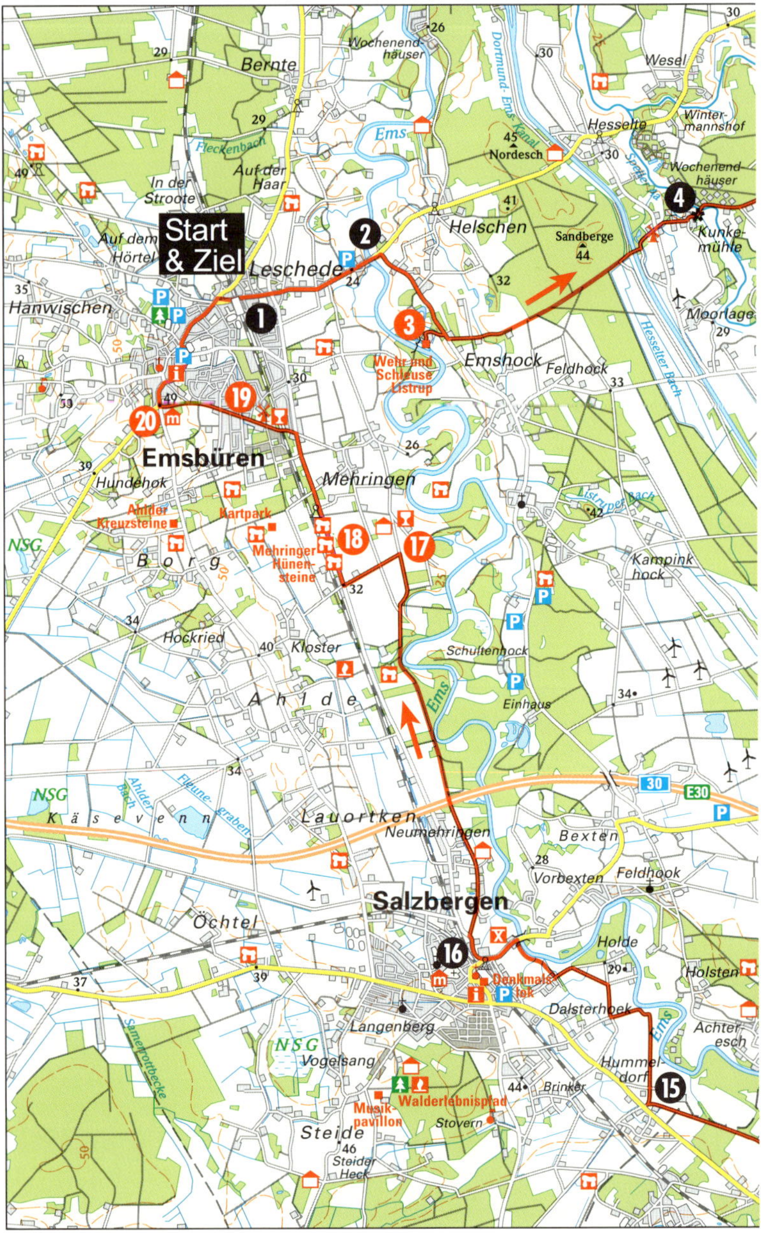
Start & Ziel
Bernte
Wochenend-häuser
Dortmund-Ems-Kanal
Wesel
Hesselte
Winter-mannshof
Wochenend-häuser
Ems
Nordesch
Fleckenbach
Auf der Haar
In der Stroote
Helschen
Sandberge
Kunke-mühle
Auf dem Hörtel
Leschede
Hanwischen
Moorlage
Weir und Schleuse Listrup
Emshock
Feldhock
Hesselter Bach
Emsbüren
Mehringen
Hundehok
Ahlder Kreuzsteine
Kartpark
Listruper Bach
NSG
Mehringer Hünen-steine
Kampink hock
Borg
Hockried
Kloster
Schultenhock
Ahlde
Einhaus
Ahlder Bach
Fleune-graben
Käsevenn
Lauortken
Neumehringen
Bexten
Vorbexten
Feldhook
Salzbergen
Öchtel
Holde
Holsten
Denkmalshok
Dalsterhoek
Langenberg
Achter-esch
Samerrottbecke
Vogelsang
Hummel-dorf
Brinker
Walderlebnispfad
Musik-pavillon
Stovern
Steide
Steider Heck

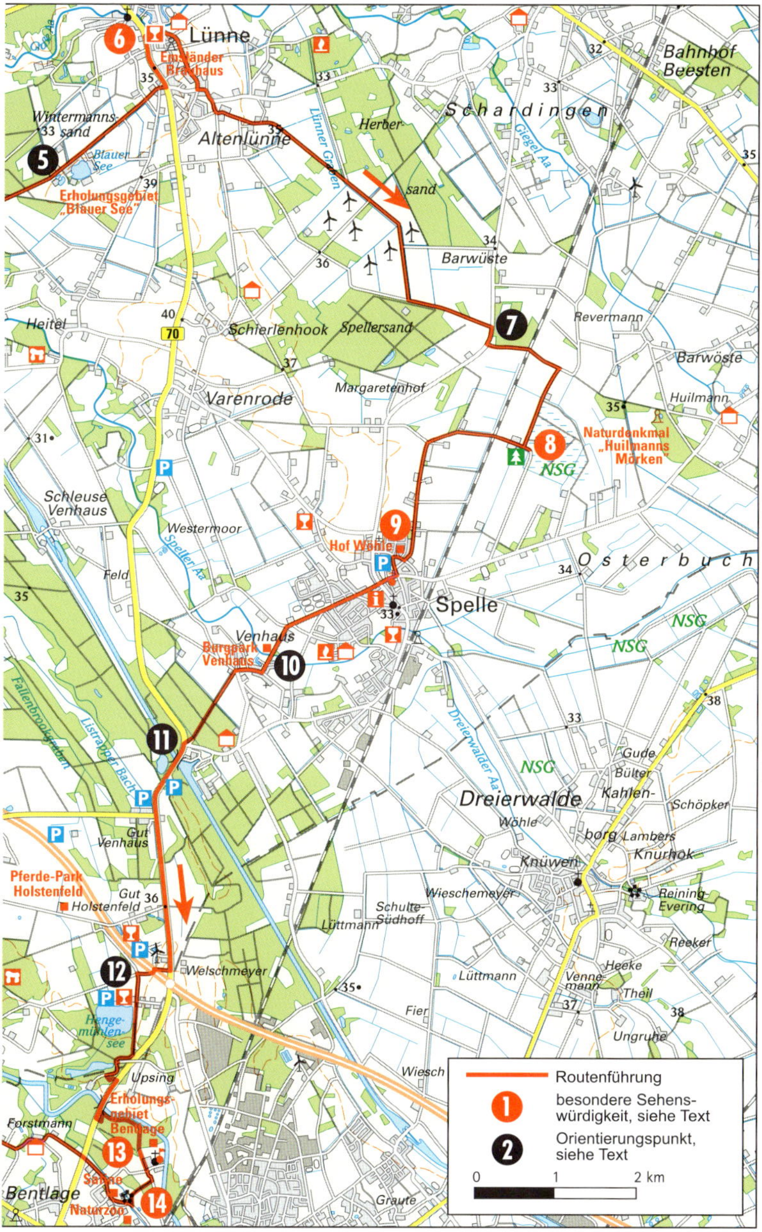
Lünne
Emsländer Brauhaus
Wintermanns-sand
Altenlünne
Blauer See
Erholungsgebiet „Blauer See"
Lünner Graben
Herber-sand
Schardingen
Bahnhof Beesten
Giegel Aa
Barwüste
Heitel
Schierlenhook
Spellersand
Revermann
Barwöste
Varenrode
Margaretenhof
Huilmann
Naturdenkmal „Huilmanns Mörken"
NSG
Schleuse Venhaus
Westermoor
Speller Aa
Hof Wöhle
Feld
Osterbuch
Spelle
Venhaus
Burgpark Venhaus
Fallenbrookgraben
Listrupper Bach
Dreierwalder Aa
Gude
Bülter
Kahlen-borg
Schöpker
Dreierwalde
Wöhle
Lambers
Knurhok
Gut Venhaus
Knüwen
Pferde-Park Holstenfeld
Gut Holstenfeld
Wieschemeyer
Schulte-Südhoff
Reining-Evering
Lüttmann
Reeker
Welschmeyer
Heeke
Lüttmann
Venne-mann
Theil
Henge-mühlen-see
Fier
Ungruhe
Upsing
Wiesch
Erholungsgebiet Bentlage
Forstmann
Saline
Bentlage
Naturzoo
Graute
Routenführung
besondere Sehenswürdigkeit, siehe Text
Orientierungspunkt, siehe Text
0 1 2 km

Die Tour auf einen Blick

Nr.	km	Beschreibung
1		Start am **Bahnhof Leschede (Emsbüren)**, nach 150 m re. in Emsstr. bis
2	1,9	**Emsbrücke**. Danach Abzweig re. Richtung Listrup (ELR). Nach 1,3 km re. in Listruper Wehr bis
3	3,7	**Listruper Wehr** und **Emsschleuse**. Zurück zur Landstr., dort re. und nach 50 m li. in *Elsenbergweg* (später: *Kunkemühlenweg*) und ELR geradeaus bis **Dortmund-Ems-Kanal**. Hinter Brücke immer geradeaus, vorbei an
4	7,7	**Kunkemühle**. Weiter geradeaus (ELR), vorbei am
5	9,7	**Blauen See** bis B 70 in **Lünne**. Dort li. und nach 700 m re. in *Heinrich-Schulte-Str.* zum
6	11,9	**Emsländer Brauhaus**. Geradeaus, nach 200 m re. auf ELR (*Brückenstr.*), nach 900 m auf ELR li. (*Beestener Str.*) und nach 300 m re. in *Ringstr*. Sofort danach schräg li. (Radpfeil ignorieren) und immer geradeaus. Nach 800 m macht Straße Rechtsschwenk. 1,8 km später an Straßenende li. An
7	18,2	**Landstr.** re., nach 200 m li. in *Grenzweg* und nach 950 m an T-Kreuzung re. auf ELR. Nach 1 km an Straßenende li. zum
8	20,6	**Moorlehrpfad Speller Dose**. Über *Moorstr*. zurück zur Kreuzung und geradeaus. Nach 1,4 km schräg li. in *Nordring*, vorbei am **Moorcafé**. Geradeaus nach **Spelle**. Nach 1,2 km re. in *Höltingstr*. und an Feuerwehr re. zum
9	23,6	**Hof Wöhle**. Li. in *Pastor-Batsche-Weg*, li. in *Johannesstr*. und re. am *Markelo-Platz* in *Schapener Str.* Geradeaus über Ampel (ab hier: Venhauser Str.). Nach 800 m re. in *Dorfstr*. bis
10	26,0	**Burgpark Venhaus**. Nach 150 m re. (weiter *Dorfstr.*) und nach weiteren 300 m geradeaus über Kreuzung auf Feldweg. Durch den Wald zur
11	27,7	**B 70**, dort li. über den **Dortmund-Ems-Kanal** und Bundesstraße folgen. Direkt vor **Autobahn** re. über Radweg. Nach 200 m li. unter A 30 durch. Nach 200 m li. in
12	31,1	**Holsterfeldstr**. Nach 1,3 km geradeaus über Kreuzung, an Waldsee vorbei. Nach 250 m li. auf Waldweg (ELR), unter B 70 hinweg und über Straßenbrücke die **Ems** überqueren. Hinter der Brücke vor Ems re. abbiegen und nach 300 m im Wald an Abzw. schräg re. und geradeaus bis
13	34,5	**Kloster Bentlage**. Geradeaus über *Bentlager Weg*. Nach 100 m re. in Feldweg *Im Braaken* bis
14	35,2	**Saline Gottesgabe**. Re. an **Saline** und **Naturzoo** vorbei auf *Schloßweg*. Nach 500 m schräg li. in *Pappelallee*. Nach 900 m li. auf ELR/ERW/HET, sofort an Schutzhütte re. Nach 400 m wieder re. und nach weiteren 1,7 km kurz vor
15	38,8	**B 65** Radpfeil scharf re. Vor Ems zweimal li. und nach 1,6 km an Kreuzung re. (*Am Elsbach*). Nach 350 m li. (*Salzweg*) und am Straßenende wieder li. Hinter Ortsschild **Salzbergen** ELR re. auf Schotterweg an Ems bis **Emsbrücke**. Li. über *Emsstr*. bis

16	42,8	**Ampelkreuzung** vor Bahnbrücke. Re. in *Mehringer Str.* und nach 350 m re. in *Wieschebrink*. 1,8 km geradeaus, unter A 30 hinweg, 2 km über ungeteerten Waldweg und ELR geradeaus bis
17	48,3	**Bauerncafé In't Hürhus**. 150 m zurück und re. Nach 850 m re. auf *Napoleondamm*. Nach 800 m li. im Wald die
18	50,0	**Mehringer Großsteingräber**. Weiter geradeaus über *Napoleondamm*, nach 850 m li. in *Mehringer Str.*, über Bahn nach **Emsbüren** und nach 200 m re. in *Ahlder Mühlenweg* zur
19	51,9	**Enkings Mühle**. Li. über *Mühlenstr.*, re. in *Mehringer Str.* und halblinks durch *Ludgeristr.* bergan zum
20	53,1	**Heimathof**. Dort re. in Lange Str. Vor **St.-Andreas-Kirche** re. (*Dahlhok*) und am Kreisverkehr geradeaus in *Bahnhofstr.* 700 m nach Ampelkreuzung zweigt *Bahnhofstr.* schräg re. ab, über Bahnübergang und sofort re. zum
1	55,2	**Bahnhof Leschede**

Vom **Bahnhof Leschede** 1 in **Emsbüren** geht es am Bahnübergang
rechts in die Emsstraße. Nach 1,8 km geradeaus biegen wir hinter der
Emsbrücke 2 rechts Richtung Listrup ab. Nach ca. 1,3 km geht es rechts in 1,9 km
ein Wäldchen zur **Listruper Emsschleuse** und zum **Wehr** 3. 3,7 km

Nach dem Wiener Kongress 1815 wurden die Königreiche Hannover (Emsland) und Preußen (Westfalen) zu Nachbarn in der Region. Sie einigten sich 1820 auf den Ausbau der Ems für die Schifffahrt. 1828 erbaute man bei Listrup ein **Wehr** und eine erste Holzschleuse. Diese wurde 1879-81 durch die heutige **Steinschleuse** ersetzt. Bis zum Bau der parallelen Bahnstrecke 1856 sowie des Dortmund-Ems-Kanals (1892-99) erlebte so die Pünten-Schifffahrt auf der Ems bis Rheine ein »goldenes Zeitalter«. Heute dient die Schleuse nur noch Sportbooten, die weiterhin bis Rheine fahren können.

Wir fahren zurück zur Landstraße, biegen rechts ab und sofort wie-
der links in den *Elsenbergweg* (später: *Kunkemühlenweg*). Nun führt der
ELR immer geradeaus. Im herrlichen Wald ist der Weg eine Weile ungeteert,
aber gut befahrbar. Schließlich überqueren wir nach 2,6 km den **Dortmund-
Ems-Kanal**, fahren weiter geradeaus, überqueren eine Landstraße und errei-
chen die **Kunkemühle** 4, eine ehemalige Wassermühle, die auf das 17. Jh. 7,7 km
zurückgeht. Es geht weiter geradeaus bis zum **Freizeitgebiet Blauer See** 9,7 km
5 mit dem gleichnamigen Café und weiter bis nach **Lünne** zur **B 70**. Dort
biegen wir links ab und erreichen nach 700 m das **Emsländer Brauhaus** 6 11,9 km
rechts in der Heinrich-Schulte-Straße.

Ewald Borchert machte 1997 sein Hobby zum Beruf. Er eröffnete in der ehemaligen Scheune seine eigene Brauerei. Mittlerweile produziert die **Landhaus-Brauerei** gut 1000 Hektoliter pro Jahr und der Betrieb hat sich mit dem angeschlossenen Café deutlich ausgeweitet.

An sonnigen Tagen lockt der einladende Garten die Radler zur Rast. Für 2006 ist sogar die Anlage eines Hopfengartens geplant. Dann sollen Café und Brauerei mit einer Brücke über die Große Aa mit dem Lünner Bürgerpark und dem malerisch restaurierten Mühlenkolk direkt verbunden werden. So setzen die Borcherts in Lünne völlig neue Akzente. Zu den allein nach dem deutschen Reinheitsgebot von 1516 gebrauten Biersorten gehören Pils, Braun- und Dinkelbier. Führungen sind für Gruppen mit Voranmeldung möglich (Tel. (05906) 920 60).

Nach 200 m geradeaus geht es rechts auf den ELR (*Brückenstraße*). Nach 900 m biegt der ELR links ab auf die Landstraße (*Beestener Straße*) und nach 300 m wieder rechts in die *Ringstraße*. Wir ignorieren an der nächsten Gabelung die Radpfeile, halten uns schräg links und radeln dann immer geradeaus. Nach 800 m macht der Feldweg einen Rechtsknick und führt bald durch einen großen Windpark. Am Straßenende geht es links bis zur **Land-
18,2 km **straße Beesten-Spelle** ❼. Dort rechts und nach 200 m wieder links in den *Grenzweg*. Wir überqueren die alte Bahnstrecke Rheine-Freren-Quakenbrück und biegen nach 450 m rechts auf den ELR ab. Am Straßenende geht es links
20,6 km zum **Moorlehrpfad Speller Dose** ❽.

Die **Speller Dose** ist ein kleiner Rest der rechtsemsischen Moore und steht unter Naturschutz. Noch in den 1960er-Jahren wurde hier Torf abgebaut. Ein Lehrpfad erläutert die Entstehung des Moores sowie seine Fauna und Flora. Dabei geht man über einen Holzbohlenweg zu einem Aussichtsturm, der einen guten Überblick über das 57 ha große Naturschutzgebiet gewährt.

Wir radeln zurück über die *Moorstraße* und geradeaus weiter, über die alte Bahnlinie hinweg. An der Kreuzung geht es schräg links in den *Nordring*. Wir passieren das Ausflugslokal **Moorcafé** und biegen in **Spelle** an der Hofstelle Hölscher (Fachwerkscheune des Heimatvereins) rechts in die *Höltingstraße*. An der Feuerwehr dann sofort wieder rechts zum **Wöh-
23,6 km lehof** ❾.

Der **Wöhlehof** ist einer der schönsten Fachwerk-Bauernhöfe des südlichen Emslandes. Das Hauptgebäude mit seinem markanten schwarz-weißen Fachwerk geht auf das Jahr 1799 zurück und wurde im Laufe der Zeit deutlich erweitert. Ein Nebengebäude wurde 1982 zum Heimathaus umgebaut, während der Rest der Anlage eine Begegnungsstätte ist.

Lehrpfad Speller Dose

Wir verlassen den Hof nach links über den *Pastor-Batsche-Weg* und zweigen sofort wieder links in die *Johannesstraße* und am modernen *Markelo-Platz* rechts in die *Schapener Straße*. Jenseits der Ampel führt die *Venhauser Straße* 800 m geradeaus, bevor es an Sportanlagen vorbei rechts in die *Dorfstraße* geht. Wir passieren den **Burgpark Venhaus** ❿ und fahren am Straßenende nach rechts (weiter *Dorfstraße*). Nach 300 m radeln wir rechts am Gedenkstein vorbei und dann halblinks auf dem Feldweg (für Autos gesperrt) weiter. Der Weg führt durch einen Wald (hier ungeteert) bis zur großen Kreuzung mit der **B 70** ⓫. Wir überqueren links den **Dortmund-Ems-Kanal.** Die nächsten 3 km auf dem Radweg (ELR) entlang der vielbefahrenen Bundesstraße sind wenig erfreulich, jedoch alternativlos. Am Autohof Salzbergen wechseln wir die Straßenseite, bevor der Radweg unmittelbar vor der **Autobahn 30** rechts abbiegt. Nach 200 m geht es links unter der A 30 hinweg und nach weiteren 200 m links in die **Holsterfeldstraße** ⓬ am **Freizeitgebiet Hengemühlensee.** Wir radeln 1,3 km geradeaus und überqueren im Wald eine Kreuzung. Sofort rechts liegt ein idyllischer Waldsee und wir passieren die Landesgrenze zu Nordrhein-Westfalen. Nach 250 m und einer leichten Abfahrt führt der ungeteerte ELR links durch den Wald. Wir unterqueren die B 70 und kommen nach einer Linkskehre auf die **Emsbrücke.** Nach der Abfahrt geht es unmittelbar vor der Ems rechts auf einen Waldweg. Nach 300 m im Bentlager Wald halten wir uns halbrechts (Markie-

26,0 km

27,7 km

31,1 km

Kloster Bentlage

rung: E+T) und dann weiter über die alte Schlossallee schnurgerade bis zum
34,5 km Eingang des **Klosters Bentlage** ⓭.

Das ehemalige **Kloster Bentlage** und der angrenzende Wald sind ein herrliches Naherholungsgebiet. 1437 errichteten die Kreuzherren das Kloster, doch schon im 11. Jh. stand hier eine Kirche. Das Kloster wurde zum Zentrum eines mächtigen Gutsbesitzes. 1803 erfolgte jedoch die Auflösung des Klosters und der Herzog von Looz-Corswarem wurde zum neuen Besitzer. Von hier verwaltete der Herzog zunächst das kurzlebige Fürstentum Rheina-Wolbeck (1803-06). Er baute den neuen Familiensitz zu einem Schloss um, leider wurde dabei die Kirche im Südflügel 1828 abgerissen. Heute beherbergt das Schloss unter anderem ein interessantes Museum zur Geschichte der Anlage. Aus der Sammlung sind ein Bentlager Sippenrelief sowie ein Reliquienschrein aus dem 15. Jh. hervorzuheben. Im oberen Geschoss ist die sehenswerte „Westfälische Galerie“ u. a. mit Werken der klassischen Moderne von August Macke, Otto Modersohn und Wilhelm Morgner untergebracht. Zu sehen sind auch ehemalige Mönchszellen. Ein Tipp ist zudem das wunderbar gelegene Kloster-Café, das mit Kaffee und Kuchen, auch im Garten, lockt.

Nun radeln wir 100 m weiter auf der Allee des *Bentlager Weges* und biegen rechts ab in den Feldweg *Im Braaken*, bis wir am Gradierwerk der
35,2 km **Saline Gottesgabe** ⓮ vor dem **Naturzoo Rheine** herauskommen.

Zwei Weißstörche auf Salinendach in Bentlage

Schon 1022 ist die Salzgewinnung in Bentlage urkundlich belegt. Die heutigen **Salinenanlagen** gehen auf den münsterschen Fürstbischof Clemens August zurück, der Mitte des 18. Jh. das **Gradierwerk**, das **Salzsiedehaus** und einen Salinenkanal anlegen ließ. Für den Kanal beauftragte er sogar den bekannten Barockbaumeister Schlaun. Die Sole wurde aus Schachtanlagen unter dem Gelände gewonnen. Das einst 300 m lange Tropf-Gradierwerk ist mit Schwarzdornzweigen gefüllt. Leider fielen große Teile der Anlage 1940 einem Sturm zum Opfer. Die zwei Reststücke wurden 2004 gründlich renoviert und vermitteln einen guten Eindruck von der Anlage, die früher über fünf Stufen die Bentlager Sole von 6-9% auf 21-24% Salzgehalt anreicherte. Am rechten Ende des Gradierwerkes steht das rote Salzsiedehaus.

Zu Spitzenzeiten kauften hier bis zu 1500 Kunden täglich das »weiße Gold«, das dem münsterschen Fürstbischof beträchtliche Einnahmen sicherte. 1890 wurde zusätzlich ein Badebetrieb eingerichtet. Das ehemalige Badehaus hinter dem Salzsiedehaus ist heute das einladende **Hotel-Restaurant Gottesgabe**. 1952 musste die Salzgewinnung und 1974 auch der Badebetrieb eingestellt werden, obwohl heute wieder Sole aus 400 m Tiefe für das Gradierwerk gewonnen wird. Empfehlenswert ist auch der **Naturzoo Rheine** am Rande des Salinenparks. Unter den 900 Tieren der mehr als 100 Tierarten befindet sich u.a. die größte Weißstorchkolonie Westfalens. Zu den 70 eigenen Störchen kommen im Sommer rund 80 Gäste als »Untermieter«. Allein 2005 wurden in der Kolonie 40 Jungstörche großgezogen. Dementsprechend findet man im weiten Umkreis bei genauem Hinschauen ständig Weißstörche auf Dächern oder Wiesen.

Unser Weg führt rechts am Gradierwerk und dem Salzsiedehaus vorbei in den *Schloßweg*. An einer Gabelung geht es halblinks in die *Pappelallee* (Radbeschilderung »Salzbergen«). Nach 900 m macht der Weg einen Linksknick und an einer Schutzhütte radeln wir nun über ELR/ERW/HET sofort wieder rechts. Hinter einem kleinen Anstieg rechts halten (*Lehm-*
38,8 km *damm*), über die Landesgrenze wieder hinweg und kurz vor der **B 65** ⓯ scharf rechts. Der Weg macht an der Ems zwei Linkskurven. Danach biegen wir am ersten Haus rechts ab (*Am Elsbach*). Nach 350 m links (*Salzweg*), am Straßenende wieder links und hinter dem Ortsschild **Salzbergen** rechts über einen Schotterweg zur **Emsbrücke** radeln. Wir fahren links über die
42.8 km *Emsstraße* zur **Ampelkreuzung** ⓰ vor der Bahnlinie. Es geht nach rechts in die *Mehringer Straße* und nach 350 m wieder rechts in den *Wieschebrink*. Weiter geht es zunächst 1,8 km über den ELR geradeaus, unter der A 30 hinweg und rund 2 km auf einem ungeteerten Waldweg durch den Ahlder Wald. Auf diesem sehr schönen Stück passieren wir zwei Emsschleifen. Nachdem der Weg wieder geteert ist, fahren wir über den ELR geradeaus bis zum
48,3 km **Bauerncafé In't Hürhus** ⓱.

Von Ende Juli bis Ende Oktober legen die Hulsmeiers seit einigen Jahren neben ihrem sehr einladenden **Café In't Hürhus** einen Mais-Irrgarten an. Gerade Familien macht es viel Spaß, das Rätsel des Labyrinthes zu lüften. Im Café gibt es zudem einen kleinen Hofladen.

Wir radeln 150 m zurück, biegen rechts ab und fahren bis zur Landstraße (*Napoleondamm*). Dort rechts halten und nach 800 m liegen links im Wald die **Mehringer Großsteingräber** **18**. 50,0 km

Mehringer Großsteingräber

Die drei »Hünengräber« sind die südlichsten des Emslandes und ungefähr 4500 Jahre alt. Sie entstanden wie auch die anderen emsländischen Großsteingräber in der Jüngeren Steinzeit und werden dabei der Trichterbecherkultur zugerechnet. Man geht davon aus, dass die Gräber als Sippengräber errichtet wurden (s. auch Tour 6, S. 78).

Zurück an der Straße rollen wir links weiter, dann links in die *Mehringer Straße*, über die Bahn hinweg und kurz danach rechts in den *Ahlder Mühlenweg* zur **Enkings Mühle** **19** in **Emsbüren**. 51,9 km

Die **Mühle** wurde 1802 als Gallerieholländer erbaut und 2001/2 komplett restauriert. In der restaurierten Mühle sind heute eine Schwarzbrotbäckerei und ein Café untergebracht. Die Mühle befindet sich in Familienbesitz.

Wir fahren links über die *Mühlenstraße*, dann rechts in die *Mehringer Straße* und nach 350 m halblinks die *Ludgeristraße* bergan zum **Heimathof Emsbüren** **20**. Vor dem Friedhof dann rechts in die *Lange Straße*. Vor der **St.-Andreas-Kirche** zweigen wir nach rechts (*Dahlhok*) ab. 53,1 km

Heimathof Emsbüren

Der Heimathof liegt auf dem Galgenberg, der früheren Richtstätte von Emsbüren. Das Haupthaus ist ein typisches niederdeutsches Hallenhaus und stammt aus dem Jahr 1766. Es wurde 1834 nach damals üblichen Gepflogenheiten verlängert. Zu dem malerischen Ensemble gehören auch ein Backhaus (1743), eine Scheune, ein Schafstall und eine Wagenremise. 2002 wurde ein wunderschöner Heilkräutergarten angelegt, der während der Blütezeit eine reine Augenweide ist.

Emsbüren war schon 819 Zentrum der Region Saxlingen, die später an das Bistum Münster fiel. Als Verbindungsort zwischen dem Ober- und Niederstift Münster entlang der Friesischen Straße blieb Emsbüren von Bedeutung. Die jetzige St.-Andreas-Kirche weist noch ein wertvolles romanisches Portal an ihrer Südseite auf. Im 15. Jh. erfolgte der Umbau zur gotischen Hallenkirche, die im 19. Jh. mit neogotischen Elementen ergänzt wurde.

Nun radeln wir geradeaus durch den Kreisverkehr in die *Bahnhofstraße*, an der **Touristeninformation** vorbei und über eine Ampel hinweg. Schließlich biegt die *Bahnhofstraße* rechts ab und überquert die Bahn.
55,2 km Rechts liegt der **Bahnhof Leschede** ❶.

Kanutour auf der Ems bei Salzbergen

Wassermühlen, Kirchenkunst und Hünengräber: die Giebelroute

Lengerich – Freren – Thuine – Langen – Gersten – Lengerich

Bauernhöfe mit prächtigen Giebeln – im südöstlichen Emsland rund um die Lingener Höhe trifft man sie so zahlreich, dass es inzwischen eine eigene »Giebelroute« gibt. Durch das wellige Land führt uns der Weg zu imposanten Zeugnissen der Steinzeit und der christlichen Kirchenbaukunst. Die leichten Anstiege erfordern etwas mehr Pedalkraft als die übrigen Touren, doch die Mühe wird reichlich belohnt: Malerische Wassermühlen, dichte Wälder und der idyllische Saller See gehören zu den Highlights dieser stillen Landschaft, die abseits der großen Touristenströme liegt.

Start/Ziel:	Ev.-ref. Kirche Lengerich
Streckenlänge:	36,0 km
Sehenswürdigkeiten:	Ev.-ref. Kirche Lengerich; Hesemannsche und Ramings Mühle; Saller See; Freren: Großsteingrab »Im Alt-Frerener Forst«, ev. Kirche; Thuine: Großsteingrab »In der Kunkenvenne«, St.-Georg-Kirche; diverse Bauernhöfe
Wegbeschaffenheit:	Leicht hügelig mit mehreren Anstiegen; gute Radwege an Landstraßen, verkehrsarme Feldwege und einige Stücke Waldweg
Ausschilderung:	Emsland-Route (ELR), z. T. keine Beschilderung
Information:	Touristikverein Freren-Lengerich-Spelle e.V., Mühlenstr. 39, 49832 Freren, Tel. (05902) 94 08 00, E-Mail: info@touristikverein-fls.de, Internet: www.touristikverein-fls.de

Saller See

Die Tour auf einen Blick

Nr.	km	Beschreibung
1		Vor **ev.-ref. Kirche** in **Lengerich** li. über Kirchplatz. Re. hinter Kirche über Durchgang zur *Frerener Str.* An Ampel li. in *Hestruper Str.* und nach 100 m wieder li. *Zum Vogelpohl*. Nach 3 km in **Handrup** re. in
2	3,2	**Dorfstr.** Nach 800 m re. in *Andervenner Str.* und nach 400 m wieder re. *Zur Wassermühle* bis
3	4,5	**Hesemannsche Mühle**. Geradeaus weiter und nach 400 m re. in *Hestruper Str.* 1,3 km geradeaus bis
4	6,2	**Ramings Mühle**. 300 m zurück und re. abbiegen (*Am Mühlenteich*, später: *Zum Fuchsberg*). Rund 1,5 km geradeaus, dann re. *Zum Peddenhoek*. Nach 1,6 km über Landstraße Lengerich-Freren geradeaus (*Sudderweh*). Nach 650 m li. über Parkplatz zum
5	10,4	**Saller See**. Zurück zur Landstraße und re. Richtung Freren. Nach rund 2,9 km re. *Zu den Hünensteinen*. Nach 350 m auf Schotterweg
6	14,4	**Großsteingrab »Im Alt-Frerener Forst«**. Geradeaus am **Waldbad** vorbei, danach li. über **B 214** hinweg und sofort re. in *Goldbaumweg* nach **Freren**. Nach 900 m schräg re. in *Ostwierstr.* und geradeaus durch *Goldstr.* Re. in *Grulandstr.* zur
7	16,5	**ev. Kirche**. An *Mühlenstr.* li. und auf B 214 sofort re. am Kreisverkehr in *Königstr.* (später: *Venslage*). Nach rund 1,5 km re. *An den Kämpen*. Nach 200 m biegt Weg li. ab und nach 400 m an Kreuzung schräg re. Nach 1 km wieder schräg re., in Wald hinein, auf ungeteerten Waldweg und nach 450 m li. über Waldweg zum
8	20,1	**Großsteingrab »In der Kunkenvenne«**. Über Waldweg geradeaus weiter auf geteerten Feldweg (später: *Fuchsstr.*), schließlich li. in *Lengericher Weg* (später: *Lindenbrink*) bis
9	21,5	**St.-Georg-Kirche**. 100 m zurück und li. in *Lütkenholter Weg* zur B 214. Re. halten und nach 200 m schräg re. (*Zum Feldberg*). Nach 700 m schräg li. durch Wohnsiedlung. An Landstr. re. und über Radweg 2,8 km bis nach
10	25,8	**Rentrup**. Geradeaus nach **Langen** und nach weiteren 900 m re. auf Landstraße Richtung Lengerich. Am Abzweig nach Gersten
11	28,4	**Gaststätte Olle Nordholter Schoule**. Über Landstr. li. 3,4 km nach **Gersten**. Re. in *Kirchstr.* zum
12	31,9	**Landgasthof Lindemann**. Nach 700 m li. in Mini-Industriegebiet fahren (*Zum Weh*) und nach 950 m re. in *Horststr.* Nach 1 km an Bauernhof re. (*Zur Berlage*) und nach 750 m wieder re. in *Nordstr.* am Ortsrand von **Lengerich**. Hinter Tankstelle li. in *Mittelstr.* und geradeaus bis zur
1	36,0	**ev.-ref. Kirche** Lengerich.

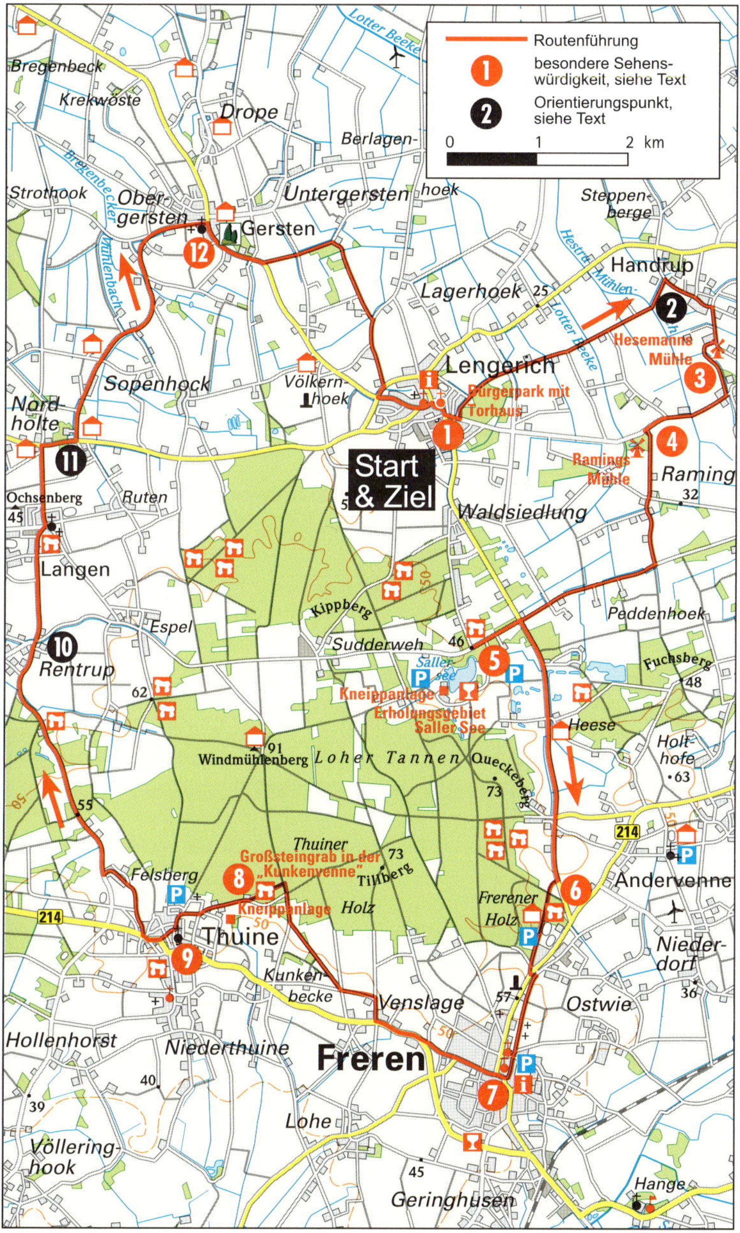
Routenführung
besondere Sehenswürdigkeit, siehe Text
Orientierungspunkt, siehe Text
0 1 2 km
Start & Ziel
Bregenbeck
Krekwöste
Drope
Berlagen-
hoek
Lotter Beeke
Strothook
Ober-
gersten
Gersten
Untergersten
Steppen-
berge
Handrup
Lagerhoek
Hesemanns Mühle
Lengerich
Bürgerpark mit Torhaus
Völkern-
hoek
Sopenhock
Nord-
holte
Ramings Mühle
Raming
Waldsiedlung
Ochsenberg
Ruten
Langen
Kippberg
Espel
Peddenhoek
Sudderweh
Saller see
Rentrup
Fuchsberg
Kneippanlage
Erholungsgebiet Saller See
Heese
Holt-
hofe
Windmühlenberg
Loher Tannen
Queckeberg
Thuiner
Großsteingrab in der „Kunkenvenne“
Tillberg
Felsberg
Andervenne
Kneippanlage
Holz
Frerener
Holz
Thuine
Nieder-
dorf
Kunken-
becke
Venslage
Ostwie
Hollenhorst
Niederthuine
Freren
Lohe
Völlering-
hook
Geringhusen
Hange
214

Die **evangelisch-reformierte Kirche St. Benedikt** ❶ am *Markt* von **Lengerich** ist ein kunstgeschichtliches Kleinod der Region. Während der Turm noch zum romanischen Vorgängerbau zählt, erhielt die Kirche 1538 nach mehreren Umbauten ihren spätgotischen Charakter. Kurze Zeit später wurde die Gemeinde lutherisch und gegen Ende des 16. Jh. reformiert. Wie üblich erhielten die Kirchen im Inneren einen schlichten weißen Anstrich, sodass erst 1895 wertvolle Wandfresken aus den Jahren 1537 und 1610 wieder entdeckt wurden, die heute zu den wichtigsten Sehenswürdigkeiten der Kirche zählen. Erhalten blieb auch ein romanischer Taufstein aus der Mitte des 12. Jh. Leider ist die Kirche selten außerhalb der Gottesdienste geöffnet.

Wir schieben unser Radl links um die **Kirche** herum und verlassen den Kirchhof nach rechts zur *Frerener Straße*. An der Fußgängerampel biegen wir nach links in die *Hestruper Straße* und nach 100 m wieder links ab *Zum Vogelpohl*. Nun geht es 3 km geradeaus bis **Handrup**, dort rechts in die
3,2 km **Dorfstraße** ❷, nach 550 m wieder rechts in die Andervenner Straße, nach 400 m nochmals rechts *Zur Wassermühle* und wir erreichen nach einer Links-
4,5 km kurve die **Hesemannsche Mühle** ❸.

Die **Wassermühle** wurde 1811 errichtet. Nach einer umfangreichen Renovierung der unterschlächtigen Kornmühle dreht sich das Wasserrad, ein sogenanntes Strauberrad, noch heute. Kurioserweise wurde das Fundament der Mühle mit alten Sandstein-Grabplatten errichtet. Auf dem nächsten Teilstück sind mehrere sehr schöne Bauernhäuser mit prächtigen Giebeln zu bewundern.

Nach 400 m biegen wir rechts in die *Hestruper Straße* ab und erreichen
6,2 km nach 1,3 km die noch malerischer gelegene **Ramings Mühle** ❹.

Diese **Mühle** wird bereits im 16. Jh. erwähnt, doch der jetzige Mühlenbau wurde 1638 errichtet. Von der ehemaligen Ölmühle sind nur zwei Mühlsteine mit der Jahreszahl 1615 erhalten. Der Heimatverein Lengerich baute 2001 das Backhaus neu auf und veranstaltet gelegentlich Backtage. Unter den hohen Bäumen liegt auch der idyllische Mühlenteich.

Wir fahren gut 300 m zurück, biegen rechts ab (*Am Mühlenteich*), radeln 1,5 km geradeaus, dann nach rechts *Zum Peddenhoek*. Wir passieren ein liebevoll restauriertes Heuerhaus zur Linken, überqueren schließlich die Landstraße Lengerich-Freren und erreichen nach 650 m über den
10,4 km Parkplatz links an einem Imbiss den **Saller See** ❺.

Die Entstehung des **Saller Sees** ist recht kurios. Zunächst sollte in den 1970er-Jahren das Tal entwässert werden, doch dann entstand die Idee zu einem See.

Reformierte Kirche Lengerich

Inzwischen wurde im westlichen Bereich noch ein Vorflutgelände angelegt, um die Wasserqualität des Sees zu verbessern. Auf der Südseite des Sees liegt das **Hotel-Restaurant Saller See**, das über eine schöne Gartenterrasse verfügt.

Jetzt zurück zur Kreuzung der Landstraße und nach rechts Richtung Freren abbiegen. Das Gelände steigt langsam an. Hinter der Kuppe zweigt der Weg *Zu den Hünensteinen* ab, der bald zum Schotterweg wird.
14,4 km Nach 350 m liegt links im Wald das **Großsteingrab »Im Alt-Frerener Forst«** **6**.

Das erste von zwei **Großsteingräbern** auf dieser Tour weist eine gut erhaltene Steinumfassung auf, aber nur ein Deckstein befindet sich noch in seiner originalen Position. Leider wurden viele Gräber in der Vergangenheit entweder geplündert und/oder die großen Findlinge für anderweitige Bauzwecke abtransportiert (s. auch Tour 6, S. 78).

Portal der ev. Kirche Freren

Ein Schotterweg führt uns am **Waldbad** vorbei, dann links über die **B 214** hinweg und sofort rechts auf den *Goldbaumweg*. Hinter einer Kuppe geht es hinab nach **Freren**, schräg rechts in die *Ostwierstraße* und geradeaus durch die *Goldstraße* an der **kath. Kirche** vorbei. Wir biegen rechts in die *Grulandstraße* ab zur **ev. Kirche** **7**. (16,5 km)

Die beiden benachbarten **Kirchen** verdeutlichen die besondere Kirchengeschichte dieser Region. Bereits kurz um 819 war Freren Taufkirche und Zentrum des damaligen Venkigaus, konnte aber die zentrale Stellung nicht wahren. Die jetzige Kirche wurde im frühen 13. Jh. errichtet, daran erinnern das spätromanische Portal an der Südseite sowie die schmalen Rundbogenfenster. Wie auch andernorts erfolgten später gotische Um- und Anbauten. Nach der Reformation gelangte

Hesemannsche Mühle

Freren mit Lingen im 17. Jh. an das niederländische Herrscherhaus Oranien. Diese stifteten 1699 ein herrliches Orgelprospekt. Die katholische Gemeinde durfte keine eigene Kirche bauen. Erst die Preußen erlaubten 1717 den Bau von Notkirchen am Ortsrand und im 19. Jh. fielen sämtliche Beschränkungen. Doch das Königreich Hannover gab nicht alle alten Kirchen den katholischen Gemeinden zurück. So entstanden u. a. in Freren und Lengerich neue, wesentlich größere Kirchen in unmittelbarer Nachbarschaft der mittelalterlichen Gotteshäuser. Die Parallelstruktur blieb bis auf den heutigen Tag erhalten. In der Grulandstraße befindet sich zudem der **Lernort Jüdisches Bethaus**. Bis 1938 unterhielt die jüdische Gemeinde in Freren Gebetsräume. Ein Gedenkstein erinnert an den Holocaust.

Die *Mühlenstraße* (B 214) führt nach links zum Kreisverkehr. Wir folgen der B 214 rechts über die *Königstraße* (später: *Venslage*) und biegen nach 1,5 km rechts ab *An den Kämpen*. Nach 200 m knickt der Weg links ab und nach 400 m halten wir uns an einer Kreuzung schräg rechts und folgen einer dichten Baum- und Strauchreihe. Nach 1 km müssen wir an einer

Großsteingrab »In der Kunkenvenne«

T-Kreuzung schräg rechts, radeln in den Wald hinein, kommen auf einen ungeteerten Waldweg und biegen nach 450 m links auf einen Waldweg, der
20,1 km zum **Großsteingrab »In der Kunkenvenne«** **8** leitet.

Das 33 m lange **Großsteingrab** ist eines der größten Nord-Deutschlands und verschafft einen imposanten Eindruck von den Baufähigkeiten der Steinzeit-Gesellschaft. Die sogenannte emsländische Kammer ist von einem doppelten ovalen Steinkranz umgeben. Ein überdachter Picknick-Platz lädt zu einer Pause an diesem idyllischen Ort ein (s. auch Tour 6, S. 78).

Wir radeln über den Waldweg geradeaus, gelangen wieder auf den geteerten Feldweg und biegen in Thuine links in den *Lengericher Weg*
21,5 km ab, der uns zur **St.-Georg-Kirche** **9** bringt.

Diese **Kirche** ist eine weitere Besonderheit: Als einzige Simultankirche im Bistum Osnabrück gehört sie der katholischen und evangelischen Gemeinde ideell zu gleichen Teilen. Dies geht auf eine Verordnung des Königreiches Hannover von 1824 zurück. Rein praktisch feiert die evangelische Gemeinde jedoch nur wenige Male im Jahr Gottesdienst in der Kirche. Bemerkenswert sind u. a. der bunte romanische Taufstein sowie der Epitaph der Familie Mulert aus dem Jahr 1631.

Wir fahren 100 m zurück, biegen links in den *Lütkenholter Weg*, dann
rechts auf die B 214 und nach 200 m wieder rechts *Zum Feldberg* ab.
Nach 700 m geht es schräg links durch eine Wohnsiedlung bis zur Land-
straße. Wir radeln rechts über den Radweg nach **Rentrup** ⑩ . Dort passie- 25,8 km
ren wir rechts den schönen Többenhof mit seinem Backsteingiebel von 1909.
Nach 1,4 km kommen wir durch **Langen** und zweigen nach weiteren 900 m
auf die Landstraße Richtung Lengerich ab. An der Kreuzung nach Gersten
befindet sich die **Gaststätte Olle Nordholter Schoule** ⑪ mit einem kleinen 28,4 km
Schulmuseum. Weiter nun links 3,4 km über die Landstraße (Radweg) nach
Gersten. Am Straßenende biegen wir rechts ab in die *Kirchstraße*. Wir gelan-
gen sofort zum **Landgasthof Lindemann** ⑫ . 31,9 km

Die **traditionelle Hofanlage** geht auf das Jahr 1764 zurück. Nach der Renovierung 1986-88 wurden ein Bauerngarten angelegt und eine Scheune errichtet. Ein Backhaus rundet das Fachwerk-Ensemble ab. Der Bauerngarten ist der ideale Ort für eine Kaffeepause. Wenige hundert Meter weiter liegt an der Lengericher Straße links, etwas zurückgesetzt und von zahlreichen hohen Bäumen umrahmt, der **Bauernhof Schepers-Beestermöller**. Der großartige Fachwerkbau wurde 1829 errichtet und 1935 durch einen Anbau erweitert. Dies ist mit Sicherheit eine der schönsten Hofanlagen der Region.

Von der *Lengericher Straße* zweigen wir am Ortsausgang links ab (*Zum
Weh*), durchqueren ein Mini-Industriegebiet, nehmen eine schöne
Abfahrt mit und biegen rechts ab in die *Horststraße*. Nach 1 km geht es nach
rechts (*Zur Berlage*) bis zur *Nordstraße* am Ortsrand von Lengerich. Wir hal-
ten uns rechts, kommen hinter der Tankstelle links in die *Mittelstraße*, und
erreichen wieder die **ev.-ref. Kirche** ① von **Lengerich**. 36,0 km

Links und rechts der Ems

Lingen – Holthausen – Geeste – Emsland Moormuseum Groß Hesepe – Rühle – Meppen

Zwischen Lingen und Meppen fließt die stark schlängelnde *Ems* noch im eigenen Flussbett, wird aber bereits aufgestaut. Im ersten Teil der Route begegnet uns eine abwechslungsreiche Parklandschaft, während wir westlich der Ems auf die Reste der einst ausgedehnten Moore treffen. Im Moormuseum Groß Hesepe dreht sich alles um die schwierige Kultivierung der riesigen Moorflächen. Die beiden größten Städte des Emslandes, Lingen und Meppen, sind reich an historischen Gebäuden. Besonders die Marktplätze mit den sehenswerten Rathäusern laden zu erholsamen Pausen ein. Auf halber Strecke lockt der Speichersee Geeste mit seinen vielfältigen Freizeitangeboten.

Emslandschaft bei Lingen-Beversundern

Start:	Bahnhof Lingen
Ziel:	Bahnhof Meppen
Streckenlänge:	44,0 km (Rückfahrt mit den stündlich verkehrenden Regionalzügen)
Sehenswürdigkeiten:	Lingen: Altstadt, Rathaus und Markt; Haus Beversundern; Speichersee Geeste; Emsland Moormuseum Groß Hesepe; Meppen: Altstadt und Rathaus
Wegbeschaffenheit:	Gute Radwege, z. T. ungeteert, und wenig befahrene Straßen
Ausschilderung:	Emsland-Route (ELR), Ems-Radweg (ERW), Hase-Ems-Tour (HET), z.T. keine Beschilderung
Information:	Verkehrsverein Lingen (Ems) e.V., Elisabethstr. 14-16, 49808 Lingen, Tel. (0591) 914 41 44, E-Mail: touristik@lingen.de, www.verkehrsverein-lingen.de; Touristikbüro der Gemeinde Geeste, Am Rathaus 3, 49744 Geeste, Tel. (05937) 691 05, E-Mail: info@geeste.de, Internet: www.geeste.de; Tourist Information Meppen (TIM) e.V., Markt 4, 49716 Meppen, Tel. (05931) 15 31 06, E-Mail: tim@meppen.de, Internet: www.meppen.de
Verknüpfungen:	In Meppen Übergang zu Tour 5 + 7. In Meppen endet auch Tour 10.

Die Tour auf einen Blick

Nr.	km	**Beschreibung**
1		Vom **Bahnhof Lingen** geradeaus in *Marienstr.* (nach 100 m Fußgängerzone). Nach 350 m re. in *Burgstr.*, li. in *Karolinenstr.* und nach 100 m am **Universitätsplatz** li. durch *Clubstr.* zum
2	0,6	**Markt**. Re. am **Rathaus** vorbei durch *Große Str.*, am Ende li. in *Kivelingstr.* und schräg re. *Zum Neuen Hafen*. Geradeaus bis **Dortmund-Ems-Kanal**, dort re. auf Treidelpfad und nach 400 m hinter Friedhof die
3	1,8	**Kanalbrücke Weidestr.** überqueren. Sofort re. in *Horstweg* (ELR), an T-Kreuzung li. am Tierheim vorbei, danach schräg li. in die offenen Felder. Nach rund 900 m an Gabelung li. zur **Ems** (Radschilder ignorieren) und weiter zum Golfplatz und zum
4	3,8	**Haus Beversundern**. Über die Auffahrt re. zur Straße, dort li. und nach 400 m an Landstraße li. Nach 600 m re. in *Meschweg*. Am Ortseingang **Holthausen** hinter Saunapark Hofschröer li. in *Kroppstr.* Nach 400 m li. in *Gerhard-Kues-Str*. Vorbei am
5	7,7	**Ludwig-Windthorst-Haus** und durch ein Wäldchen (*Im-Kamp-Hoog*). An der nächsten Gabelung geradeaus in Sackgasse (ELR). Geteertem Weg folgen (zweimal re., einmal li.), an Sportplätzen vorbei und re. zum

6	9,8	**Naturschutzgebiet Biener Busch**. Schräg re. *Zum Biener Busch* bis nach **Biene**. An Kreuzung *Dorfstr./Geester Str*. geradeaus in *Lange Str*. Nach 1,4 km li. über Parkplatz zum Deich und li. über Auffahrt zum
7	13,2	**Speichersee Geeste**. Re. über Deichkrone um See herum bis
8	16,5	**Restaurant Deichkrone**. Dort schräg re. hinunter und li. auf Radweg. Nach 700 m re. über Parkplatz zur Ausfahrt. Dort re. auf Landstraße und nach 200 m li. *(Im Holte*). Nach 400 m an Bauernhof re. und sofort wieder li. Nach 600 m an Kreuzung re. und geradeaus bis Landstr. Dort li. über
9	20,0	**Emsbrücke** und geradeaus nach **Dalum**. An kath. Kirche schräg re. *An der Schaftrift*. Nach 350 m kurz li. und sofort wieder re. und geradeaus an **ev. Pauluskirche** vorbei. Vor Sackgassenschild re. abbiegen und ca. 0,8 km geradeaus bis **Gasstation Dalum Rull**. Vor der Station li., und an einem
10	24,6	**Kriegsgefangenenfriedhof** vorbei. An *Süd-Nord-Straße* re. und nach 1,3 km li. in *Braukdiek*. Über zunächst ungeteerten Feldweg 800 m bis zur **A 31**. Dahinter re. und über Feldweg an Autobahn entlang zum
11	29,2	**Emsland Moormuseum Groß Hesepe**. Von dort li. (*Geestmoor*) bis Landstr. und re. unter A 31 hinweg. Nach 800 m über *Süd-Nord-Str*. geradeaus in *Hermann-Rüter-Str*. (später: *Raiffeisenstr*.) bis nach **Groß Hesepe**. Nach 2 km li. in
12	32,4	**Kordestr**. Nach 1 km li. und sofort re. in *Grabenstr*. Nach 700 m li. über kl. Kanal und sofort re. Nach Rechtsknick durch Feriengebiet zur Landstr. Dort li. und nach 550 m ELR nach re. Die Straße
13	36,1	**Am Kraftwerk** führt durch mehrere Abbiegungen (Radschildern folgen). Nach 1,9 km über ELR am Ortseingang von **Rühle** re. durch Ort. Nach 650 m zweigt ELR am Ortsausgang re. in Sackgasse ab. Nach 300 m geht es an
14	39,0	**T-Kreuzung** nach li. (re. nach 150 m Schutzhütte) und über teilweise ungeteerten Weg durch Ölfeld zur Endstation eines Kreuzweges. Halbrechts und ELR hinter Ortsschild **Meppen** re. vor Deich bis Tankstelle. Re. über *Schullendamm* und re. über **Emsbrücke**. An zweiter Ampel re. (*Hasestr*.) durch Fußgängerzone zum
15	43,1	**Markt** mit **Rathaus**. Zurück über *Obergerichtsstr*. den Markt verlassen, li. am **Stadtmuseum Arenbergische Rentei** vorbei zur Ampel. Re. in *Hasestr*., über die Hubbrücke in *Herzog-Arenberg-Str*. An Ampel re. und sofort wieder li. durch *Bahnhofstr*. zum
16	44,0	**Bahnhof Meppen**.

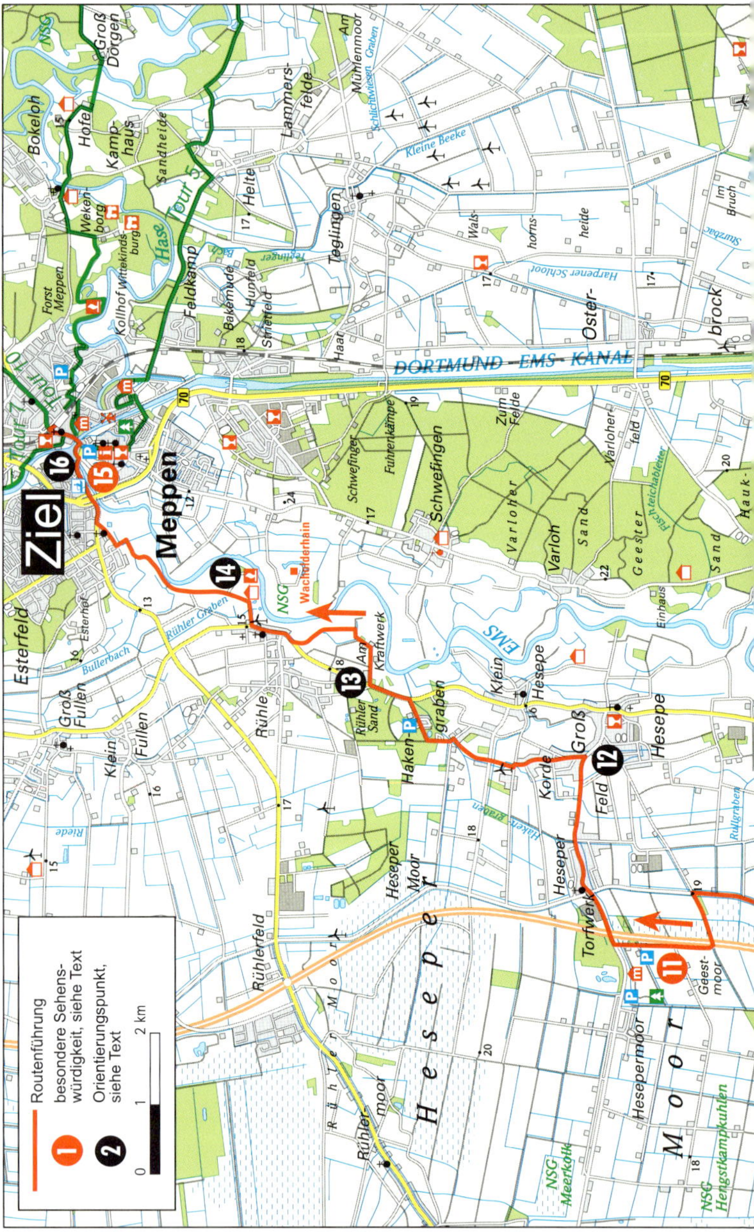
Routenführung
besondere Sehenswürdigkeit, siehe Text
Orientierungspunkt, siehe Text
0 1 2 km
Ziel
Meppen
DORTMUND-EMS-KANAL
Ems
Hase
Tour 5
Tour 7
Tour 10
Bokeloh
Esterfeld
Groß Fullen
Klein Fullen
Rühle
Rühlerfeld
Rühler Moor
Rühler moor
Hesepe
Groß Hesepe
Klein Hesepe
Hesepermoor
Hesepe Moor
Torfwerk
Geestmoor
Schwefingen
Varloh
Teglingen
Helte
Lammersfelde
Mühlenmoor
Feldkamp
Bokemude
Hunfeld
Stienfeld
Wachholderhain
Kraftwerk
Haken-graben
Rühler Sand
Korde
Feld
Forst Meppen
Kollhof Wittekindsburg
Wekenborg
Sandheide
Kamphaus
Hofe
Groß Dörgen
Osterbrock
Kleine Beeke
NSG
NSG Meerkolk
NSG Hengstkampkuhlen
Bullerbach
Rühler Graben

Start
LINGEN (Ems)
Laxten
Damaschke
Brögbern
Altenlingen
Holthausen
Biene
Geester See
Geeste
Dalum
Großer Sand
Nordlohne
Wietmarschen
EMS

Markt und Rathaus Lingen

Vom **Bahnhof Lingen** ❶ radeln wir geradeaus durch die *Marienstraße* in die Fußgängerzone. Nach 350 m biegen wir rechts in die *Burgstraße* und am großartigen Fachwerkhaus Hellmann (1641) links in die *Karolinenstraße*. Am **Universitätsplatz** geht es links in die *Clubstraße* und rechts über
0,6 km den **Markt** ❷ zum **Rathaus**.

Lingen ist mit 56000 Einwohnern die größte Stadt im Emsland und die Innenstadt ist reich an attraktiven historischen Gebäuden. Der **Universitätsplatz** und der große **Markt** künden von der Blütezeit Lingens im 17. Jh. Damals gehörte die Stadt unter den Oraniern zu den Niederlanden. Der Oranierprinz Wilhelm III. gründete 1697 sogar eine Universität in Lingen. Die Lateinschule und das Professorenhaus sind am lauschigen Universitätsplatz noch erhalten geblieben. Auch das historische **Rathaus** wirkt nicht ohne Grund niederländisch. Gebaut wurde es zwar schon 1555-58 nach einem großen Stadtbrand, doch der Treppengiebel wurde erst 1663 angebracht. Das Glockenspiel ist noch jüngeren Datums und wird seit 2002 durch ein Figurenspiel bereichert, das mehrmals täglich historische Figuren zeigt. Schön anzusehen ist auch die alte Posthalterei am Markt. Der Fachwerkbau entstand 1653 und diente 200 Jahre als Poststation. Wer mehr über die wechselhafte Geschichte Lingens erfahren möchte, sollte das **Emslandmuseum** in der Burgstraße besuchen. Sehenswert ist u. a. das ehemalige Kutscherhaus des benachbarten Palais Dankelman aus dem 17. Jh.

Über die *Große Straße* verlassen wir den Markt, fahren nach links in die *Kivelingstraße* und schräg rechts *Zum Neuen Hafen* zum **Dortmund-Ems-Kanal**. Rechts über den Treidelpfad passieren wir den Friedhof mit einem sehr alten jüdischen Teil, überqueren die **Kanalbrücke Weidestraße** (1,8 km) ❸ und radeln dahinter rechts in den *Horstweg*. An der T-Kreuzung links am Tierheim vorbei und schräg links in die offenen Felder. Nach 900 m halten wir uns an einer Gabelung links und ignorieren die Radschilder. Wir kommen an eines der schönsten Emsstücke, werfen einen Blick auf den Golfplatz und erreichen **Haus Beversundern** ❹. (3,8 km)

Professorenhaus, Universitätsplatz Lingen

Das heutige Gutshaus geht auf einen mittelalterlichen Rittersitz zurück, der zur Bentheimer Burgmannschaft gehörte. Im 19. Jh. führten Umbauten zum heutigen Erscheinungsbild, das von einem idyllischen Park geprägt ist. Auch die Wirtschaftsgebäude entstanden erst im 19. Jh. **Beversundern** ist immer noch in Privatbesitz und beherbergt den Golfclub Emstal.

Über die Zufahrtsallee rechts verlassen wir das Gelände, biegen links ab und halten uns an der Landstraße wieder links. Der ELR führt nach 600 m rechts in den *Meschweg*. In **Holthausen** führt die Route hinter dem Saunapark Hofschröer links in die *Kroppstraße* und nach 400 m links in die *Gerhard-Kues-Straße* am **Ludwig-Windhorst-Haus** ❺ vorbei. 7,7 km

Hinter der **kath. Bildungsstätte** liegt ein schmuckes Ensemble alter Fachwerkhäuser.

Wir folgen der Straße *Im-Kamp-Hoog* durch ein Wäldchen und geradeaus in eine Sackgasse, biegen zweimal rechts ab und passieren nach links einen Sportplatz am Zugang zum 86 ha großen **Naturschutzgebiet**
9,8 km **Biener Busch** ❻. Hier ist eines der letzten Teile des Ems-Auwaldes erhalten. Der Radweg *(Zum Biener Busch)* führt rechts nach **Biene** hinein. Wir überqueren die Kreuzung *Dorfstraße/Geester Straße* und fahren 1,4 km geradeaus über die *Lange Straße*. Kurz vor der Brücke der B 70 geht es links über den
13,2 km Parkplatz und schräg links auf den Deich des **Speichersees Geeste** ❼.

Surfer auf Geester See

Der **Speichersee Geeste** wurde Mitte der 1980er-Jahre gebaut, um für das Atomkraftwerk Lingen genügend Kühlwasser vorhalten zu können. Seitdem hat sich der See jedoch zu einem großen Freizeitsee entwickelt, mit Segel- und Surfclub sowie einem Badestrand. Von der Deichkrone sehen wir im Süden auch die Raffinerie Lingen-Holthausen. In dieser Gegend wurde 1942 das erste Erdöl im Emsland gefunden, sodass 1953 am Dortmund-Ems-Kanal die große Raffinerie entstand. Die Hochzeiten der Produktion sind allerdings bereits vorüber.

Wir radeln nach rechts über die Deichkrone, vorbei am Surfclub und
16,5 km verlassen den Deich unmittelbar hinter dem **Restaurant Deichkrone** (mit Seeterrasse!) ❽ nach rechts unten. Am Deichsockel halten wir uns links und verlassen nach 700 m das Gelände über einen Parkplatz nach rechts. An der Landstraße nach rechts und nach 200 m links *(Im Holte)* fahren. Nach 400 m an einem Bauernhof rechts und sofort wieder links radeln. Nach weiteren 600 m halten wir uns an einer Kreuzung rechts und sind kurz danach bei einer Erdöl-Pumpe (s. o.). Geradeaus gelangen wir zur Landstraße und über-
20,0 km queren links die **Emsbrücke** ❾ auf dem Weg nach **Dalum**. An der kath. Kirche halten wir uns halbrechts *An der Schaftrift* und der Weg führt uns geradeaus. Wir passieren die hölzerne **ev.-luth. Pauluskirche** (1950). Am Ortsende radeln wir halblinks und biegen nach 500 m vor einem Sackgassenschild rechts ab. Die Straße endet vor der **Gasstation Dalum-Rull**. Wir halten uns
24,6 km links und kommen an einem **Kriegsgefangenenfriedhof** ❿ vorbei.

Der **Friedhof** gehörte zu dem System der NS-Emslandlager zwischen 1933 und 1945. Zwischen 8000 und 16000 sowjetische Soldaten, die als Kriegsge-

Haus Hellmann, Fachwerkfassade (Lingen)

fangene unmenschlich behandelt wurden, sind hier in anonymen Massengräbern beerdigt worden. Ein Mahnmal erinnert an den Nazi-Terror.

Wir erreichen die *Süd-Nord-Straße*, folgen ihr 1,3 km nach rechts, radeln links in den *Braukdiek*, gelangen über ein ungeteertes Stück zur **A 31**, biegen dahinter sofort rechts ab und fahren parallel zur A 31 zum
29,2 km **Emsland-Moormuseum Groß Hesepe** **11**.

Nach dem Zweiten Weltkrieg setzte die großflächige Erschließung der emsländischen Moore ein. In Groß Hesepe bestand allerdings schon seit 1913 ein Torfwerk, das noch heute in Betrieb ist. Am Emsufer wurde 1925-72 sogar ein Torfkraftwerk betrieben. Eine Kleinbahn verband das Torfwerk mit dem Kraftwerk und Meppen. Die örtliche Bevölkerung durfte kostenlos mitfahren. Das sehr sehenswerte **Moormuseum** erläutert die Entstehung der Moore, ihre Erschließung, das harte Leben der Moorkolonisten und zeigt sowohl die Baumaschinen, darunter den riesigen Torfpflug Mammut, wie auch die Kleinbahnwaggons. Die Ausstellung wurde 2005/06 komplett überarbeitet. Auf dem großflächigen Areal befindet sich auch ein Arche-Hof, der vom Aussterben bedrohte Tierarten, wie das Bunte Bentheimer Schwein oder das Westfälische Totlegerhuhn, zu retten versucht. Eine historische Torfbahn zuckelt gemütlich über das Gelände, während für Spaziergänger ein Rundgang angelegt wurde (März-Nov. Di-So 10-18 Uhr).

Dortmund-Ems-Kanal Lingen

Erdölpumpe

Emsland Moormuseum Groß Hesepe, Maschinenpark

Über die Zufahrtstraße nach links, rechts die A 31 unterfahren, an dem Torfwerk vorbei, über die *Süd-Nord-Straße* hinweg in die *Hermann-Rüter-Straße* (später: *Raiffeisenstraße*) erreichen wir **Groß Hesepe**. Wir bie-
32,4 km gen links in die **Kordestraße** ⓬. Nach 1 km fahren wir links und dann rechts in die *Grabenstraße*, überqueren nach 700 m links den kleinen Kanal und halten uns sofort rechts. Die Straße führt durch ein Feriengebiet zur Land-
36,1 km straße nach Meppen. Wir radeln auf dem ELR nach links. Nach 550 m biegen wir rechts ab **Am Kraftwerk** ⓭, vorbei am ehemaligen Torfkraftwerk. Wir folgen den Radschildern durch mehrere Abbiegungen und gelangen nach 1,9 km zum Ortseingang von **Rühle**. Wir rollen nach rechts durch den Ort mit seinen adretten Bauernhäusern und biegen am Ortsausgang rechts ab
39,0 km in eine Sackgasse (ELR). An einer **T-Kreuzung** ⓮ halten wir uns links (rechts ist nach 150 m eine **Schutzhütte** an der Ems), fahren über ein ungeteertes Wegstück durch ein Ölförderfeld mit seinen »nickenden Pferdeköpfen«, gelangen zu einem Kreuzweg und bleiben auf diesem. Hinter dem Ortsschild von **Meppen** nun rechts vor dem Deich bis zur Tankstelle. Nach rechts führt der *Schullendamm* unter der B 70 hinweg zur **Emsbrücke**, die wir nach rechts überqueren. An der zweiten Ampel rechts in die Fußgängerzone zum **Rat-**
43,1 km **haus** auf dem **Markt** ⓯.

Meppen ist eine der ältesten Siedlungen im Emsland. Bereits 834 gelangte Meppen an das Kloster Corvey und erhielt 945/46 das Markt- und Münzrecht. 1252 übernahm der Fürstbischof von Münster in Meppen und weiten Teilen

Emsland Moormuseum Groß Hesepe, Mammut-Pflug

des Emslandes die weltliche Macht und ließ die Stadt im 14. Jh. stark befestigen. Die Stadt trat auch der Hanse bei und lebte u. a. von der Emsschifffahrt. Erst im 18. Jh. wurden die Festungsanlagen geschliffen, doch die äußere Wallanlage, der Contrescarpe, blieb erhalten und dient heute als wunderbarer Grüngürtel. Meppen ist eine lebendige Stadt, die viel Kultur zu bieten hat, und seit 1977 Sitz der Kreisverwaltung des Emslandes ist. Das markante **Rathaus** auf dem **Markt** stammt aus dem Jahr 1408, die vorgebauten Arkaden wurden jedoch erst 1605 ergänzt. Es ist ein herrliches Bauwerk und das Café lädt zu einer stimmungsvollen Pause ein. Links vom Rathaus sehen wir die **Gymnasialkirche** (1743-46), ein überschwängliches Barockbauwerk, das auf die Jesuiten zurückgeht. Ein kurzer Abstecher durch die *Kirchstraße* führt zur **Propsteikirche St. Vitus** (s. Tour 5, S. 68). Viel Wissenswertes hält das **Stadtmuseum Arenbergische Rentei** (*Obergerichtsstraße*) bereit. Das Haus wurde 1805 nach Plänen von August Reinking errichtet und diente seit 1835 dem Rentmeister des Herzogs von Arenberg als Wohnung und Amtssitz. Rechts davon steht das ehemalige Zeughaus. An dieser Stelle befand sich die mittelalterliche Paulsburg, die innerhalb der Festung stand.

Wir verlassen den *Markt* über die *Obergerichtsstraße*, radeln links zur Ampelkreuzung, überqueren rechts auf der *Hasestraße* die historische Hubbrücke (1931) über den **Dortmund-Ems-Kanal**, biegen an der nächsten Ampel rechts ab und vor der Polizei wieder links in die *Bahnhofstraße* und gelangen schließlich zum **Bahnhof Meppen** ⓰.

44,0 km

Über die grüne Grenze

Twist – Bargerveen/NL – Zwartemeer/NL – Schöninghsdorf – Twist

Viele Jahrhunderte hindurch war das unwegsame Bourtanger Moor eine unüberwindbare Barriere für Menschen. Es dauerte bis 1824, bevor die Grenze zwischen den Niederlanden und dem damaligen Königreich Hannover auf »dem Twist« endgültig fixiert war. Die deutsche Seite wurde jedoch erst nach 1950 großflächig besiedelt und urbar gemacht. Inzwischen wird das niederländische Naturschutzgebiet Bargerveen aufwändig wiedervernässt und renaturiert. Hier entsteht ein Vogelschutzgebiet von europäischem Rang, das herrliche Naturerlebnisse garantiert. Seit 60 Jahren nicken rund um den zentralen Ort Twist die »Pferdeköpfe« der Erdölpumpen. »Stille« Radwege, teilweise durch einsames Moorland, schnurgerade Straßen und Kanäle sowie der Torfabbau bestimmen das Bild auf dieser reizvollen Grenztour.

Start/Ziel:	Heimathaus und Erdöl-Erdgas-Museum Twist-Zentrum
Streckenlänge:	29,0 km
Sehenswürdigkeiten:	Erdöl-Erdgas-Museum Twist; Naturschutzgebiet Bargerveen/NL; Torfabbaustätten Schöninghsdorf
Wegbeschaffenheit:	Absolut flach; Gut ausgebaute Radwege, z. T. durch einsames Moorland, z. T. entlang von Landstraßen
Wegweisung:	Emsland-Route (ELR), z. T. örtliche oder keine Wegweisung
Information:	Gemeinde Twist, Flensbergstraße 1, 49767 Twist, Tel. (05936) 933 30, E-Mail: info@twist-emsland.de, Internet: www.twist-emsland.de

Naturschutzgebiet Bargerveen/NL

Die Tour auf einen Blick

Nr.	km	Beschreibung
1		Vom **Heimathaus und Erdöl-Erdgas-Museum** in **Twist-Zentrum** re. über *Flensbergstr.* zum *Schwarzen Weg*. Dort re. und 2,6 km geradeaus. An Straßenende li. *Auf dem Bült* und nach 300 m re.
2	3,2	**Am Marktplatz** in **Twist-Bült**. Hinter Kirche re. in *Kirchstr.*, an Straßenende li. und an Kreisverkehr re. An T-Kreuzung li. (*Zitterdell*) und nach 500 m über die
3	4,9	**Grenze**. Nach 1,3 km auf *Europaweg* re. in *Dr. Ir H.A. Stheemansstraat*. Nach 1,5 km an scharfer Linkskurve Zugang zum
4	7,8	**Hoogveenreservat Bargerveen**. Geradeaus auf Radweg, nach 100 m vor großen Moorseen re. und in Links-Rechts-Kurven am Moorgebiet vorbei zur Grenze zurück. Nach 2 km
5	9,7	**Fußgänger-Grenzübergang** mit Picknickplatz. Nun 4,1 km schnurgerade weiter, am Ende des Naturschutzgebietes li. und nach weiteren 1,2 km zur
6	15,0	**Informationsstelle des Staatsbosbeheer**. Von dort re. 2,4 km über *Kamerlingswijk* WZ bis **Zwartemeer**. Re. in *Eemslandweg* und 1,1 km bis
7	18,5	**Grenze**. Weiter geradeaus am Kanal entlang (*Zollstr.*) bis **Schöninghsdorf** (ELR). Vor
8	21,1	**Süd-Nord-Kanal** re. in *Franziskusstr.* (später: *Südstr.*). 3,3 km geradeaus bis
9	24,5	**Torfwerk Klasmann-Deilmann** und **ev.-ref. Jugendstilkirche**. Weiter geradeaus (ab Heidegebiet: *Schöninghsdorfer Str.*) bis Kreuzung mit L 47 in **Twist-Zentrum**. Re. abbiegen (*Alt-Rühlertwist*) und nach 200 m li. in *Flensbergstr.* zum
1	29,0	**Heimathaus und Erdöl-Erdgas-Museum Twist**.

Twist ist eine Gemeinde, die ihre *Entstehung* voll und ganz der Moorkolonisierung zu verdanken hat. 1784/88 wurden die Kolonien Hesepertwist und Rühlertwist planmäßig in den südlichen Ausläufern des Bourtanger Moores angelegt. Der heutige Ortsteil Bült, der etwas höher lag, diente als Kirchort für beide Kolonien. Zu diesem Zeitpunkt war die Grenze zur niederländischen Provinz noch nicht endgültig festgelegt, da das Gebiet nach einem Vertrag von 1556 gemeinsam von Niederländern und Emsländern genutzt wurde. Der Name Twist leitet sich von diesem Zustand ab, da er juristisch ein umstrittenes Gebiet bezeichnet. Erst 1824 wurde im Meppener Grenztraktat eine klare Grenzlinie mit dem Lineal durch das Moor gezogen. Nach den ersten Ölfunden 1942 entwickelte sich rund um Twist eine rege Bohrtätigkeit und verhalf der abgelegenen Gemeinde zu einigem Wohlstand. Dennoch entstand kein Dallas im Emsland und die Erdölförderung hat ihren Höhepunkt bereits überschritten. Das **Erdöl-Erdgas-Museum** im **Heimathaus** 1 zeichnet die Geschichte

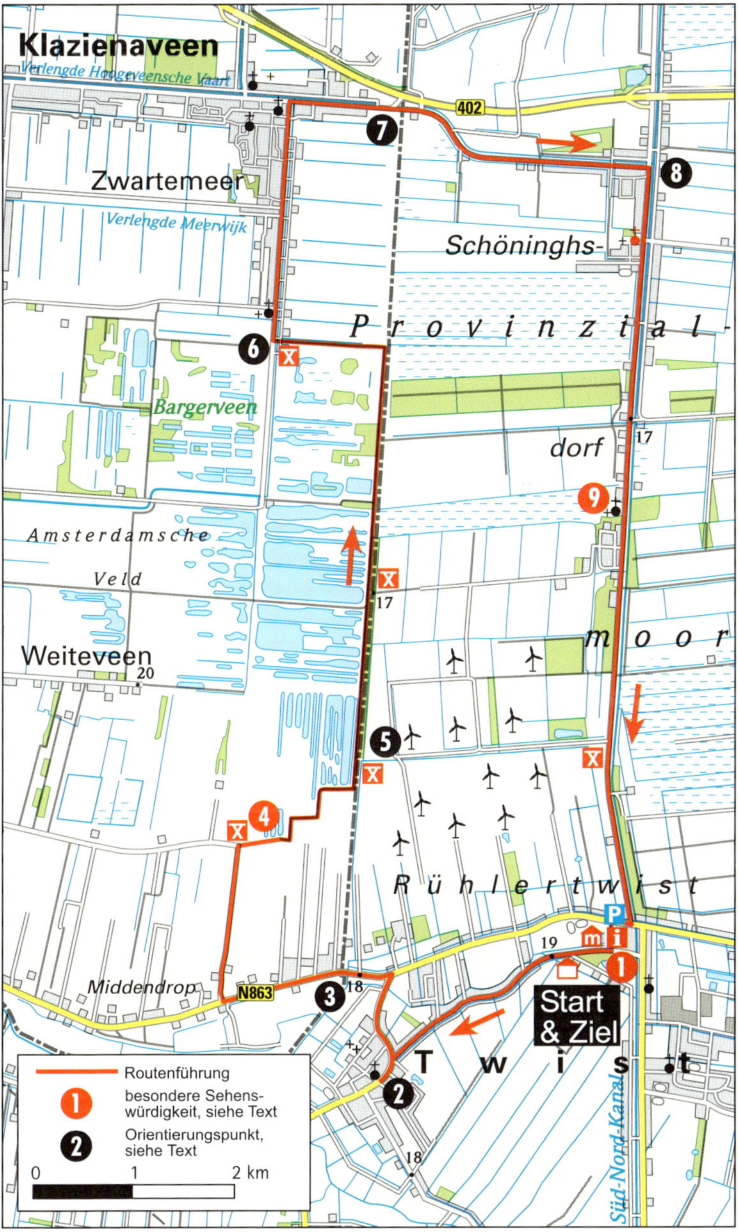
Klazienaveen
Verlengde Hoogeveensche Vaart
402
Zwartemeer
Verlengde Meerwijk
Schöninghs-
Provinzial-
dorf
moor
Bargerveen
Amsterdamsche Veld
Weiteveen
20
17
17
Rühlertwist
Middendrop
N863
18
19
18
Start & Ziel
Twist
Süd-Nord-Kanal
Routenführung
besondere Sehenswürdigkeit, siehe Text
Orientierungspunkt, siehe Text
0
1
2 km

Gartenschmuck in Torfloren, bei Twist

nach und erläutert die technische Seite (Di-Sa 14-18, So 14.30-17.30 Uhr). Das Heimathaus ist auch für seine Konzerte bekannt.

Wir radeln rechts durch die *Flensbergstraße* am Rathaus vorbei, rechts in den *Schwarzen Weg* und 2,6 km geradeaus bis **Bült**. Am Straßenende
3,2 km geht es links *Auf dem Bült* und nach 300 m rechts **Am Marktplatz** ❷, hinter der Kirche rechts in die *Kirchstraße* und am Straßenende links. Wir halten uns am Kreisverkehr rechts, biegen nach links in die Landstraße nach Coevorden
4,9 km (*Zitterdell*), überschreiten die **Grenze** ❸, fahren ca. 1,3 km über den *Europaweg*, biegen rechts in die *Dr. Ir H.A. Stheemansstraat* und erreichen nach
7,8 km 1,5 km den Zugang zum **Hoogveenreservat Bargerveen** ❹.

Seit 1968 laufen in dem mittlerweile 2000 ha großen **Naturschutzgebiet Bargerveen** Renaturierungsmaßnahmen, um das größte noch zusammenhängende Hochmoor der Niederlande zu erhalten. 1995 wurde der letzte Torfabbau eingestellt und es wurden mehr als 40 Kilometer Dämme errichtet, um eine Wiedervernässung der Hochmoorflächen zu ermöglichen. Die Arbeiten dauern noch bis heute an. Ins Auge fallen die weiten offenen Wasserflächen im südlichen (Schoonebeeker Veld) und mittleren Bereich (Amsterdamsche Veld) sowie die etwas trockeneren Bereiche im Norden (Meerstalblok). Zugvögel nutzen das Bargerveen als Raststation und im Spätsommer blüht die Heide vielerorten. Entlang des Radweges wird dem Besucher ein beeindruckender Einblick in die Fauna und Flora des Naturschutzgebietes geboten.

Heide und Windrad, bei Twist

Der Radweg (holl.: *fietspad*) führt geradeaus und biegt vor der offenen Wasserfläche rechts ab. Wir folgen der ungeteerten Radspur
9,7 km durch mehrere Kurven und erreichen nach 2 km einen **Fußgänger-Grenzübergang** ❺. Zur Rechten begleitet uns nun unmittelbar die schnurgerade Grenze. Nach 4,1 km biegt der Radweg am Ende des Bargerveens links ab
15,0 km zum **Büro des Staatsbosbeheer** ❻, welches das Naturschutzgebiet verwaltet. Über den *Kamerlingswijk WZ* radeln wir rechts nach **Zwartemeer**. Am Straßenende biegen wir vor dem ehemaligen Kanal rechts in den *Eemsland-*
18,5 km *weg*, dann weiter geradeaus, passieren wieder die **Grenze** ❼ und fahren
21,1 km vor dem **Süd-Nord-Kanal** ❽ in **Schöninghsdorf** nach rechts in die *Franziskusstraße* (später: *Südstraße*). Jenseits des Ortes erstrecken sich noch große
24,5 km Torfabbauflächen. Der Torf wird ins **Torfwerk** ❾ der Firma Klasmann-Deilmann gebracht.

Die Besiedlung dieses Landstriches begann erst spät im 19. Jh. 1892 wurde der Süd-Nord-Kanal fertiggestellt und ermöglichte damit den großflächigen Torfabbau. Zu Beginn des 20. Jh. kamen von 600 Arbeitern in dem **Torfwerk** rund 400 aus Holland. Da sie nicht katholisch, sondern reformiert waren, wurde 1907 die benachbarte **reformierte Kirche** im Jugendstil errichtet. Noch bis 1939 wurde der Gottesdienst in dem schlichten Gotteshaus auf niederländisch abgehalten. Südlich liegt die letzte Heidefläche von Twist und der Bürgerwindpark Twist, der für 22 000 Haushalte Strom erzeugen kann.

Wir folgen weiter dem Süd-Nord-Kanal, an der Heidefläche vorbei und biegen in **Twist-Zentrum** an der großen Kreuzung rechts ab *(Alt-Rühlertwist)*. Hinter der Tankstelle geht es links durch die *Flensbergstraße* zurück
29,0 km zum **Heimathaus und Erdöl-Erdgas-Museum** ❶.

Ev.-ref. Jugendstilkirche, Schöninghsdorf

Wacholderhain und Apfelkorn – das liebliche Hase-Tal

Meppen – Bokeloh – Haselünne – Bückelte – Helte – Meppen

Das Hasetal wird nicht umsonst als »Radfahrparadies« gepriesen. Der Hasetal-Radweg schlängelt sich zwischen Meppen und Haselünne durch idyllische Auwälder und entlang renaturierter Uferstreifen. Zu beiden Seiten des Flusses treffen wir auf kleine Ortschaften mit reizvollen Kirchen. Haselünne ist weithin bekannt durch seine Kornbrennereien. Geprägt wird der Ortskern von seinen historischen Burgmannshöfen, während der Haselünner See und der angrenzende Wacholderhain Erholung pur versprechen. Auch die alte Hansestadt Meppen offenbart ihre schönsten Seiten. Im Herzen des Emslandes können Radfahrer den Genießergang einlegen.

Start/Ziel:	Bahnhof Meppen (alternativ: Markt Haselünne)
Streckenlänge:	40,9 km
Sehenswürdigkeiten:	Bokeloh: Kirche + Otto-Pankok-Ausstellung; Haselünne: Berentzen-Hof, Burgmannshöfe, Haselünner See, Wacholderhain, Freilichtmuseum; Bückelter Kapelle; Meppen: Koppelschleuse, Archäologisches Ausstellungszentrum, Propsteikirche, Altstadt
Wegbeschaffenheit:	Flach; gut ausgebaute, z. T. ungeteerte Radwege sowie wenig befahrene Straßen
Wegweisung:	Emsland-Route (ELR), Hase-Ems-Tour (HET)
Information:	Tourist Information Meppen (TIM) e.V., Markt 4, 49716 Meppen, Tel. (05931) 15 31 06, E-Mail: tim@meppen.de, Internet: www.meppen.de; Touristinformation Haselünne, Krummer Dreh 18/19, 49740 Haselünne, Tel. (05961) 50 93 20, E-Mail: touristinfo@haseluenne.de, Internet: www.haseluenne.de
Verknüpfungen:	In Meppen Übergang zu Tour 7 sowie Ende von Tour 3 und 10. In Haselünne Anschluss an Tour 6.

Höltingmühle Meppen

Die Tour auf einen Blick

Nr.	km	Beschreibung
1		Vom **Bahnhof Meppen** li. in *Hüttenstr.*, an abknickender Vorfahrt wieder li. und re. in *August-Prieshof-Str.* Nach 100 m li. und hinter Bahnbrücke sofort re. in *Ordeniederung* bis
2	1,0	**Kreishaus** und **Emsland-Touristik**. Re. auf Radweg zwischen Kreishaus und Teich vorbei und nach 200 m hinter Baumreihe re. über Radweg in Wohnsiedlung. Nach 150 m Straße geradeaus überqueren und nach 100 m li., am **Kanuverleih EL-Tours** re. und am Straßenende li. über schmalen Radpfad auf Hasedeich. Nach 1 km durch Auwald scharf li., nach 400 m re. Nach 1,1 km li. auf Teerweg. Nach 450 m re. in *Stationsweg* nach **Bokeloh**. An Kreuzung 150 m geradeaus zur
3	5,3	**Kirche** und **Otto-Pankok-Ausstellung**. Zurück an Kreuzung li. in *Römerstr.* und über **Hasebrücke**. Nach 300 m li. in *Höfener Str.* Li. über Schotterweg bis
4	7,7	**Dörgener Brücke**. Dahinter in **Groß Dörgen** auf Teerweg li. und 1,6 km geradeaus. Re. über Schotterweg (HET-Alternativroute) bis Hase. Dort li. durch Aue bis
5	10,7	**Aussichtsturm**. Weiter bis
6	12,5	**Hofcafé An der Biberburg** in Lahre. Dort re. *Am Glockenturm* und am Ortsausgang an Kreuzung geradeaus Richtung Haselünne. Nach 1,1 km schräg re. (*Neuer Kamp*, später: *Lahrer Weg*) und immer geradeaus. Nach 1,7 km re. auf *Meppener Str.* und 1,8 km geradeaus nach **Haselünne**. Am Restaurant Wiedehage re. in *Petersilienstr.* und nach 150 m vor **Kirche** li. in *Kirchstr.* Am
7	17,4	**Markt** li. und sofort re. in *Bahnhofstr.* zum **Berentzen-Hof**. Re. in *Ritterstr.*, wieder re. in *Nonnenwall*, am *Markt* re. und sofort li. in *Krummer Dreh* zum **Rathaus**. Dort geradeaus über *Plessestr.* und nach 250 m über Radweg re. unter B 213. An Hasebrücke li. auf Radweg zum
8	18,7	**Haselünner See**. Den See im Uhrzeigersinn umrunden und nach 1,5 km auf Hase-Deich bis **Fußgängerbrücke**. Diese überqueren und re. über Radweg zur Autobrücke. Nach li. über *Lingener Str.* bis
9	21,6	**Freilichtmuseum**. Re. zwischen Stadion und Skater-Anlage zur Fußgängerbrücke. Hinter Brücke li. und über Radweg Hase folgen. An
10	23,6	**Schutzhütte** re. und im Industriegebiet Radweg zweimal li. auf Schotterweg. Nach 800 m an T-Kreuzung re. und geradeaus nach **Hamm**. Dort re., dann li. auf Landstr. (*Glupenstr.*). Über Hasebrücke geradeaus nach **Bückelte**. Hinter Ortschaft li. in *Kapellenweg* zur
11	26,9	**Bückelter Kapelle**. Zurück zur Landstr. und geradeaus (*Holtesch*). Nach 150 m re. grünem Radpfeil folgen, nach 650 m Schotterweg. Im Wald li. und an Schutzhütte vorbei. Über geteerten Weg nach **Lehrte**, dort schräg li. durch *Schulstr.* Vor

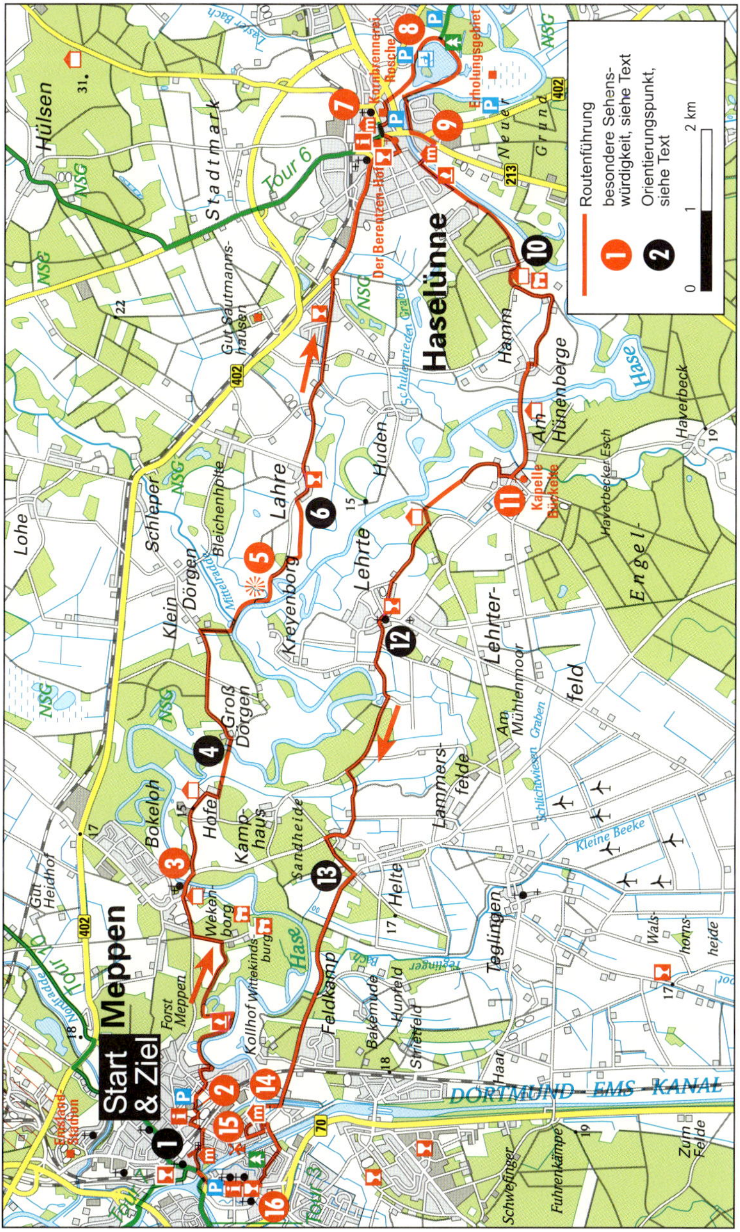
Start & Ziel
Meppen
Bokeloh
Haselünne
Hülsen
Lohe
Schleper
Klein Dörgen
Groß Dörgen
Bleichenholte
Lahre
Kreyenborg
Lehrte
Huden
Hamm
Am Hünenberge
Kapelle Bückelte
Haverbeck
Haverbecker Esch
Engel-
Lehrter-feld
Am Mühlenmoor
Lammers-felde
Hofe
Kamp-haus
Sandheide
Wekenborg
Wittekindsburg
Kollhof
Forst Meppen
Gut Heidhof
Feldkamp
Bakemude
Hunfeld
Helte
Teglingen
Haar
Schwefinger
Fuhrenkämpe
Zum Felde
Wals-horns-heide
Stadtmark
Gut Sautmannshausen
Der Berentzen-Hof
Kornbrennerei Rosche
Erholungsgebiet
Neuer Grund
Tour 6
Hase
Kleine Beeke
Schlichtwiesen Graben
Schulenrieden Graben
Mittelradde
DORTMUND-EMS-KANAL
Emsland-Stadion
NSG
402
213
70
Routenführung
besondere Sehenswürdigkeit, siehe Text
Orientierungspunkt, siehe Text
0 1 2 km

Die Tour auf einen Blick

12	30,0	**Hotel-Restaurant Vennemann** re., sofort li. und geradeaus aus Ort hinaus. Nach 2 km li. über *Voreschstr.* nach **Helte**. Nach 1,2 km an T-Kreuzung re. und nach 200 m li. in *Osterbergstr.* Nach 400 m re. auf **Helter Damm**, vorbei am
13	33,9	**Waldgasthof Zur Linde**. Rund 3 km geradeaus nach **Meppen** und am ehemaligen **Ems-Hase-Kanal** re. auf Radweg zur
14	37,2	**Koppelschleuse**. Li. zum **Archäologischen Ausstellungszentrum**. Dort re. in *Fasanenstr.* und nach 600 m an Kreuzung geradeaus *Am Nachtigallenwäldchen* zum **Dortmund-Ems-Kanal**. Dort re. zur
15	38,1	**Höltingmühle**. Zurück am Kanal entlang und nach 400 m li., sofort re. und an Kreisverkehr re. in *Hasebrinkstr.* über Kanalbrücke. Re. in *Kanalstr.* und nach 500 m re. in *Lingener Str.* (später: *Kuhstr.*) an **Propsteikirche St. Vitus** vorbei, re. in *Domhof*, dann li. durch *Kirchstr.* zum
16	40,0	**Markt** und **Rathaus**. Über *Obergerichtsstr.* Markt verlassen, li. am **Stadtmuseum Arenbergische Rentei** vorbei zur Ampel. Re. in *Hasestr.*, über Hubbrücke, an Ampel re. und sofort wieder li. durch *Bahnhofstr.* zum
1	40,9	**Bahnhof Meppen**.

Vom **Bahnhof Meppen** 1 fahren wir links in die *Hüttenstraße*, an der abknickenden Vorfahrt wieder links und sofort rechts *(August-Prieshof-Straße)*. Nach 100 m an der großen Kreuzung links abbiegen, unter der Bahn
1,0 km hinweg und sofort rechts (*Ordeniederung*) zum **Kreishaus** 2.

Das **Kreishaus** ist auch Sitz der **Emsland-Touristik**. Hier können Sie sich u. a. mit weiteren Informationsmaterialien versorgen, Unterkünfte buchen sowie ganze Radtourenpakete in Anspruch nehmen (Mo-Fr 9-17, April-Okt. auch Sa 9-13 Uhr).

Wir nehmen den Radweg zwischen Kreishaus und Teich, folgen nach 200 m dem Radpfeil rechts durch eine Wohnsiedlung, überqueren nach 150 m eine Straße, biegen nach weiteren 100 m links ab und halten uns beim **Kanuverleih EL-Tours** rechts. Am Straßenende geht es links über einen schmalen Radpfad auf den Hasedeich. Es folgt ein wunderbares Stück Radweg mitten durch den Auwald. Nach 1 km radeln wir scharf links und nach 400 m vor einem kleinen Hügel rechts. Der Pfad weitet sich zu einem Weg, zweigt nach 1,1 km links ab auf einen Teerweg und nach 450 m rechts über den *Stationsweg* nach **Bokeloh**. An der Kreuzung fahren wir geradeaus
5,3 km zur **Bokeloher Kirche** und **Otto-Pankok-Ausstellung** 3.

Floßtour auf der Hase

Bokeloh ist für seine 1000-jährige **Kirche** bekannt. Auf einem Steilufer der Hase errichtet, ist hier schon für die erste Hälfte des 10. Jh. eine Kirche belegt. 1037 fiel Bokeloh an das Kloster Corvey und in den folgenden Jahrhunderten fanden zahlreiche Um- und Ausbauten statt. Doch noch immer sind romanische Mauerreste erhalten. 1462 wurde der spätgotische Chor und 1512 der Turm angebaut. Ein Glücksfall für die Kirche war die Entscheidung, den Neubau 1970 nicht in das alte Kirchenschiff zu integrieren, sodass der historische Grundriss erhalten blieb. Gleich nebenan befindet sich die **Alte Schule Bokeloh**. Schon im Jahre 1863 wurde in diesem Gebäude Unterricht abgehalten. Seit 2002 ist hier eine sehenswerte **Dauerausstellung** mit Werken des Malers **Otto Pankok** (1893-1966) untergebracht, der in Bokeloh 1938-41 in innerer Emigration vor den Nazis lebte. Im Dritten Reich galt seine Kunst als »entartet« Den Schulschlüssel erhält man gegen Pfand im benachbarten Hotel Albers.

Zurück an der Kreuzung überqueren wir nach links die **Hasebrücke**, biegen nach 300 m links in die *Höfener Straße* ab und folgen schließlich dem Abzweig zur Dörgener Brücke nach links (HET-Alternativroute). Der Schotterweg wird zu einem schmalen Damm, bis wir die **Dörgener Fußgängerbrücke** ❹ überqueren. In der Bauernschaft **Groß Dörgen** weiter links und nach 1,6 km biegt die HET-Alternativroute rechts ab auf einen Schotterweg in die Haseaue. Vor der Hase links, an einer Schranke vorbei, über die Mittelradde und durch die offene Aulandschaft zu einem **Aussichtsturm** ❺ radeln.

7,7 km

10,7 km

Dieser Teil der Haseniederung hat in den letzten Jahren sein Gesicht deutlich gewandelt. In einem großen Renaturierungsprojekt wurden Altarme wieder angeschlossen, Deiche an Hase und Mittelradde abgebaut und/oder zurückverlegt, um so langsam wieder eine natürliche Auzone entstehen zu lassen. Vom **Aussichtsturm** können wir gut erkennen, wie die Hase aus ihrem engen Korsett befreit wurde. Mehrere Infotafeln erläutern die einzelnen Maßnahmen.

12,5 km Durch die Aue führt dir Route weiter nach **Lahre** und am **Hofcafé An der Biberburg** ❻ weiter rechts *Am Glockenturm*. Am Ortsausgang fahren wir geradeaus Richtung Haselünne. Nach 1,1 km halten wir uns schräg rechts (*Neuer Kamp*, später: *Lahrer Weg)* und dann immer geradeaus bis zur *Meppener Straße*. Dieser folgen wir nach rechts bis nach **Haselünne** hinein. Am Restaurant Wiedehage und dem Burghotel rechts in die Petersilienstraße radeln, nach 150 m vor der **St.-Vincentius-Kirche** links in die *Kirchstraße* zum
17,4 km **Markt** ❼ vor der Alten Sonnenapotheke.

St.-Vincentius-Kirche

Haselünne war durch seine strategisch wichtige Hasefurt an der Flämischen Straße von Bremen nach Flandern lange Zeit eine bedeutende Stadt. Schon zu sächsischen Zeiten ist eine Besiedlung belegt, welche durch die Stadtrechte (1272) und den Hansebeitritt rasch an Dynamik gewann. Wuchtig erhebt sich die gotische **St.-Vincentius-Kirche** auf alten Fundamenten einer Vorläuferkirche. Zu den Sehenswürdigkeiten gehört u. a. der reich verzierte Bentheimer Taufstein (ca. 1180). Die Stadt wurde zudem befestigt und es entstanden rund um **Kirche** und **Markt** 22 Burgmannshöfe. Von diesen sind noch sieben erhalten, die dem Stadtbild ihren besonderen Reiz geben. Ehemalige **Burgmannshöfe** waren u. a. das Restaurant Wiedehage und die zwei Häuser des Burghotels. Der älteste Burgmannshof, der Westerholtsche Hof (1385), ist in die **Berentzen-Brennerei** integriert. Berentzen ist mit dem Apfel-

Freilichtmuseum Haselünne

korn sicher die bekannteste Marke aus Haselünne und zugleich der größte Spirituosenhersteller Deutschlands. Die 1758 gegründete Familienbrennerei ist im Stadtbild überaus präsent und die öffentlichen Führungen (Do + Sa 10.30 Uhr, Gruppen auch zu anderen Zeiten nach Voranmeldung, Tel. (05961- 50 25 56) sind sehr informativ. Die beiden Konkurrenten Rosche und Heydt bieten ebenfalls Gruppentouren an.

Wir radeln nach links und sofort rechts in die *Bahnhofstraße*. Vor dem Berentzen-Hof (Besucherzentrum) weiter rechts durch die *Ritterstraße*, vorbei an vier **Burgmannshöfen** und mitten durch die Berentzen-Brennerei. Vor der Brennerei Rosche rechts (*Nonnenwall*), am *Markt* rechts, sofort links (*Krummer Dreh*), am **Rathaus** mit der Touristeninformation vorbei (*Plessestraße*) und hinter dem Parkplatz rechts über einen Radweg unter der B 213 hinweg zur Hasebrücke. Links führt der Radweg zum Haselünner See 8, 18,7 km
den wir links im Uhrzeigersinn umqueren.

Der See hat für Haselünne einen hohen Freizeitwert. Ein kleiner Segelclub, Ferienanlagen, ein Hotel-Restaurant und der Uferweg laden zu verschiedenen Aktivitäten ein. Südlich des Sees erstreckt sich in einer Haseschleife ein urwüchsiger **Wacholderhain**, den man zu Fuß erkunden kann.

Kapelle Bückelte

Nach 1,5 km gelangen wir auf den Hasedeich, fahren zur **Fußgängerbrücke** zurück, überqueren diese und halten uns rechts. An der Auto-
21,6 km brücke radeln wir links über die *Lingener Straße* zum **Freilichtmuseum** ❾.

Das schöne Fachwerkensemble des **Freilichtmuseums** hält einige wahre Kleinode bereit. Rund um den zentralen Platz wurde eine Dorfidylle zusammengetragen. Hier steht ein Fachwerkhaus, dessen Kern bereits auf das frühe 16. Jh. zurückgeht, während das rechte Nachbarhaus im Kern aus der Mitte des 16. Jh. stammt. Ein Backhaus, eine Kapelle (die ebenfalls ein Backhaus war) und eine Zehntscheune runden die Sammlung des Heimatvereins Haselünne ab. Eine Augenweide ist auch der liebevoll gepflegte Bauerngarten (Führungen Mi, Sa, So 15 Uhr).

Zwischen dem Stadion und der Skater-Anlage geht es rechts zur Hase. Hinter der Brücke folgen wir dem geschotterten Radweg nach links bis
23,6 km zu einer **Schutzhütte** ❿. Dort rechts und im Industriegebiet sofort zweimal links über einen Schotterweg durch den Wald. Nach 800 m biegen wir an einer T-Kreuzung rechts ab. In **Hamm** dann rechts und sofort links auf die Landstraße (*Glupenstraße*) über die Hasebrücke weiter nach **Bückelte**. Hinter
26,9 km der Ortschaft führt der *Kapellenweg* links zur **Bückelter Kapelle** ⓫.

Die Bückelter Kapelle liegt romantisch auf einer Warft, um vor Hase-Hochwassern geschützt zu sein. Der spätgotische Ziegelbau geht auf das Jahr 1508 zurück. 1963 wurden im Chorraum wertvolle spätgotische Fresken freigelegt, die zu den wichtigsten Sehenswürdigkeiten dieser kulturhistorisch bedeutenden Kapelle gehören. Zu sehen sind u. a. Szenen aus dem Weltgericht. Gegenüber lädt das rustikale **Bauerncafé Up de Deele** zu einer verdienten Kaffeepause ein.

Koppelschleuse Meppen

Zurück an der Landstraße geht es geradeaus (*Holtesch*) und an der T-Kreuzung rechts (HET). Wir folgen dem Radweg geradeaus, der zwischenzeitig zum Schotterweg wird und biegen nach 1,2 km im Wald links ab. An einer Schutzhütte vorbei führt die Route nach **Lehrte**, dort schräg links durch die *Schulstraße* zum **Hotel-Restaurant Vennemann** ⓬. Dort re., sofort wieder links und geradeaus aus dem Ort hinaus. Nach 2 km müssen wir nun links über die *Voreschstraße* nach **Helte**. Im Ort zweigen wir an der T-Kreuzung rechts ab, dann nach 200 m links in die *Osterbergstraße* und nach 400 m rechts auf den *Helter Damm* am **Waldgasthof Zur Linde** ⓭ (lauschiger Biergarten!) vorbei nach **Meppen** und biegen am ehemaligen **Ems-Hase-Kanal** rechts ab zur Koppelschleuse und zum Ausstellungszentrum für die Archäologie des Emslandes ⓮.

30,0 km
33,9 km
37,2 km

Die Koppelschleuse ist eine Besonderheit. Beim Bau des Kanals wurden 1828 hier an der Hase-Mündung gleich zwei Schleusen hintereinander »gekoppelt«, um die 4,2 m Höhendifferenz auszugleichen. 1899 wurde die Schleuse durch den Bau des Dortmund-Ems-Kanals zu einem Industriedenkmal. Sehenswert ist auch das Gebäude der Königlich-Hannoverschen Wasserbauinspektion, in dem heute der Meppener Kunstkreis residiert. Der benachbarte Neubau des **Ausstellungszentrums für die Archäologie** dokumentiert die reiche Ur- und Frühgeschichte des Emslandes. Wer mehr zu den faszinierenden Großsteingräbern erfahren möchte, ist hier genau richtig. Auch werden Werke von Otto Pankok (s. Bokeloh) ausgestellt. Abgerundet wird das schöne Areal durch das Jugendgästehaus des DJH.

Wir radeln rechts in die *Fasanenstraße*, überqueren die Kreuzung am Straßenende und erreichen am **Dortmund-Ems-Kanal** rechts die
38,1 km **Höltingmühle** ⓯.

Die **Mühle** im Mündungswinkel von Hase und Kanal wurde 1960 aus Varel in Ostfriesland an den jetzigen Standort gebracht. Sie ist im Emsland die einzige Holländer-Windmühle mit einer Windrose und gehört zu den meistfotografierten Sehenswürdigkeiten der Region. Die Eiche soll bereits über 200 Jahre alt sein.

Jetzt links am Kanal entlang, nach 400 m links, sofort rechts und am Kreisverkehr rechts (*Hasebrinkstraße*) über die Kanalbrücke radeln. Wir biegen rechts in die *Kanalstraße* und nach 500 m an der Ampel rechts in die *Lingener Straße* (später: *Kuhstraße*). An der **Propsteikirche St. Vitus** vorbei geht es rechts in den *Domhof* und links durch die *Kirchstraße* zum **Rathaus**
40,0 km auf dem **Markt** ⓰.

Zum **Rathaus** und zur **Altstadt** s. Tour 3, S. 48. Die **Propsteikirche St. Vitus** steht auf dem höchsten Punkt der Altstadt. Sie geht auf einen romanischen Bau zurück und wurde ab 1461 zu einer spätgotischen Hallenkirche umgebaut. Der neogotische Flügelaltar wurde von Wilhelm Anton Riedemann gestiftet. Riedemann (1832-1920) stammte aus Meppen und wurde als Erfinder des Öltankers und Mitbegründer der Deutsch-Amerikanischen-Petroleum-Gesellschaft (heute ESSO) zum »Petroleumkönig«.

Über die *Obergerichtsstraße* verlassen wir den **Markt**, radeln an der **Arenbergischen Rentei** vorbei nach links zur Ampel. Von dort rechts über die **Hubbrücke**, an der Ampel wieder rechts und sofort links über die
40,9 km *Bahnhofstraße* zum **Bahnhof Meppen** ❶ fahren.

Rathaus Meppen

Auf der Hünengräberstraße in die Steinzeit

Haselünne – Herzlake – Aselage – Holte – Hüvener Mühle – Groß Berßen – Westerloh - Haselünne

Königsgrab (Hünengräberstraße des Hümmlings, bei Groß-Berßen)

In dem Landstrich zwischen Hase und Mittelradde offenbart sich die gesamte Vielfalt des Emslandes. Das Hasetal ist für Radfahrer ein wahres Paradies mit der romantischen Aselager Mühle als krönendem Abschluss. Frisch renoviert präsentiert sich die berühmte Hüvener Wasser- und Windmühle von ihrer schönsten Seite. Weit in die Vergangenheit tauchen wir auf der Hünengräberstraße des Hümmlings ein: Auf engstem Raum treffen wir auf zahlreiche imposante Großsteingräber der Jüngeren Steinzeit. Am Ende der Tour genießen wir die reizvolle Atmosphäre der Kornstadt Haselünne.

Haselünner See

Start/Ziel:	Markt Haselünne
Streckenlänge:	47,1 km
Sehenswürdigkeiten:	Haselünne: Berentzen-Hof, See, Museumseisenbahn; St.-Nikolaus-Kirche Herzlake; Aselager Mühle; St.-Clemens-Kirche Holte; Großsteingrab Lähden; Hüvener Mühle; „Hünengräberstraße" bei Groß Berßen
Wegbeschaffenheit:	Zumeist flach; gut ausgebaute Radwege, verkehrsarme Feldwege und Landstraßen
Wegweisung:	Emsland-Route (ELR), Hase-Ems-Tour (HET)
Information:	Touristinformation Haselünne, Krummer Dreh 18/19, 49740 Haselünne, Tel. (05961) 50 93 20, E-Mail: touristinfo@haseluenne.de, Internet: www.haseluenne.de; Touristinformation Herzlake, Neuer Markt 4, 49770 Herzlake, Tel. (05962) 880, E-Mail: samtgemeinde@herzlake.de, Internet: www.herzlake.de; Touristinformation Sögel, Schlaunallee 1, 49751 Sögel, Tel. (05952) 968 09 90, E-Mail: tourist-info.soegel@t-online.de, Internet: www.soegel.de
Verknüpfung:	In Haselünne Anschluss an Tour 5.

Radler-Skulptur, Haselünne

Über den Markt ❶ in **Haselünne** (s. Tour 5, S. 64) geht es rechts über *Krummer Dreh* am **Rathaus** und der Touristinformation vorbei (*Plessestraße*). Hinter dem Parkplatz radeln wir rechts über einen Radweg unter der B 213 zur Hasebrücke. Dort leitet der Radweg links zum Haselün-

(1,0 km) ner See ❷ (s. Tour 5, S. 65). Wir halten uns links, passieren das Parkhotel Am See und zweigen nach 650 m links ab (ELR, HET). Der Radweg führt sofort halbrechts an einem Tiergehege vorbei durch den Wald zu einem Badesee, links durch einen **Campingplatz** und rechts auf der *Andruper Straße* über die Hase. Hinter **Andrup** biegt der HET hinter einer Brücke links

4,3 km ab (**Käseforth**) ❸. Wir gelangen in einen Wald, kommen am Hof Käseforth von 1765 vorbei, fahren 1,4 km über einen ungeteerten Waldweg und sind 800 m später an einer T-Kreuzung. Dort den Radpfeilen links folgen, nach 200 m rechts und zum Ortsrand von **Herzlake** radeln. An einem Industriegebiet den grünen Pfeil nach links zur Hase beachten und rechts am Fluss entlang

10,9 km radeln. Im Ort links über die Holzbrücke zur St.-Nikolaus-Kirche ❹.

Die Tour auf einen Blick

Nr.	km	Beschreibung
1		Vom Markt re. in *Krummer Dreh* am **Rathaus** vorbei (*Plessestr.*). Nach 250 m re. unter B 213 hinweg, an Hasebrücke li. zum
2	1,0	Haselünner See. Nach 650 m li. grünem Radpfeil (HET) in Wald folgen. Halbrechts halten, am Tiergehege vorbei zum kl. Badesee. Am **Campingplatz** li. und am Ausgang auf *Andruper Str.* re. über **Hasebrücke**. Durch **Andrup** und nach 1,5 km hinter Brücke HET li.
3	4,3	(**Käseforth**). Nach 1,3 km re. in kl. Wald, an Bauernhof vorbei und ca. 1,4 km ungeteert. Nach weiteren 800 m an T-Kreuzung li. und nach 200 m wieder re. zum Ortsrand von **Herzlake**. Grünem Radpfeil nach li. bis Hase und re. über Radweg. Li. über Holzbrücke zur
4	10,9	St.-Nikolaus-Kirche **Herzlake**. Re. über *Haselünner Str.*, nach 250 m geradeaus in *Löninger Str.* und an Tankstelle re. in *Waldstr.* Li. abbiegen (*Im Buckelfehn*) und ELR/HET bis
5	13,1	Grabhügelfeld Kanonenberge. In **Hölze** re. und hinter Hasebrücke li. zur
6	14,8	Aselager Mühle. 1 km geradeaus, li. über Hase, wieder li. (*Oling*), an **Westrumer Kirche** re. (*Im Dorfe*) und 4,8 km geradeaus über B 213 bis **Holte**. An Hauptkreuzung geradeaus (*Am Schultenhof*) und an
7	21,2	St.-Clemens-Kirche vorbei. Geradeaus nach **Ostlähden**, vorbei am
8	24,1	**Glockenturm** und nach 1,2 km an Schutzhütte schräg re. Richtung Hüven. Nach 500 m li.
9	26,1	**Großsteingrab Lähden**. Nach 800 m li.
10	26,9	Hüvener Mühle. Hinter **Gasthof** li. über ELR. Feldweg endet nach 4 km auf **Berßener Str.** Dort li. und über
11	31,7	„Hünengräberstraße" bis **Groß Berßen**. Li. in
12	33,5	**Dorfstr.** Immer geradeaus und am Ortsende re. (*Westerloher Weg*). Nach 2,4 km li. über
13	37,5	**Mittelradde**, in **Westerloh** an T-Kreuzung li. und nach 300 m re. (*Am Jugendheim*) nach **Hülsen**. Weiter geradeaus und an Straßenende li. auf Landstr. nach **Haselünne**. Hinter Bahnübergang li. und re. in *Bahnhofstr.*, vorbei am Berentzen-Hof. Am Straßenende li. zum
1	47,1	Markt in **Haselünne**.

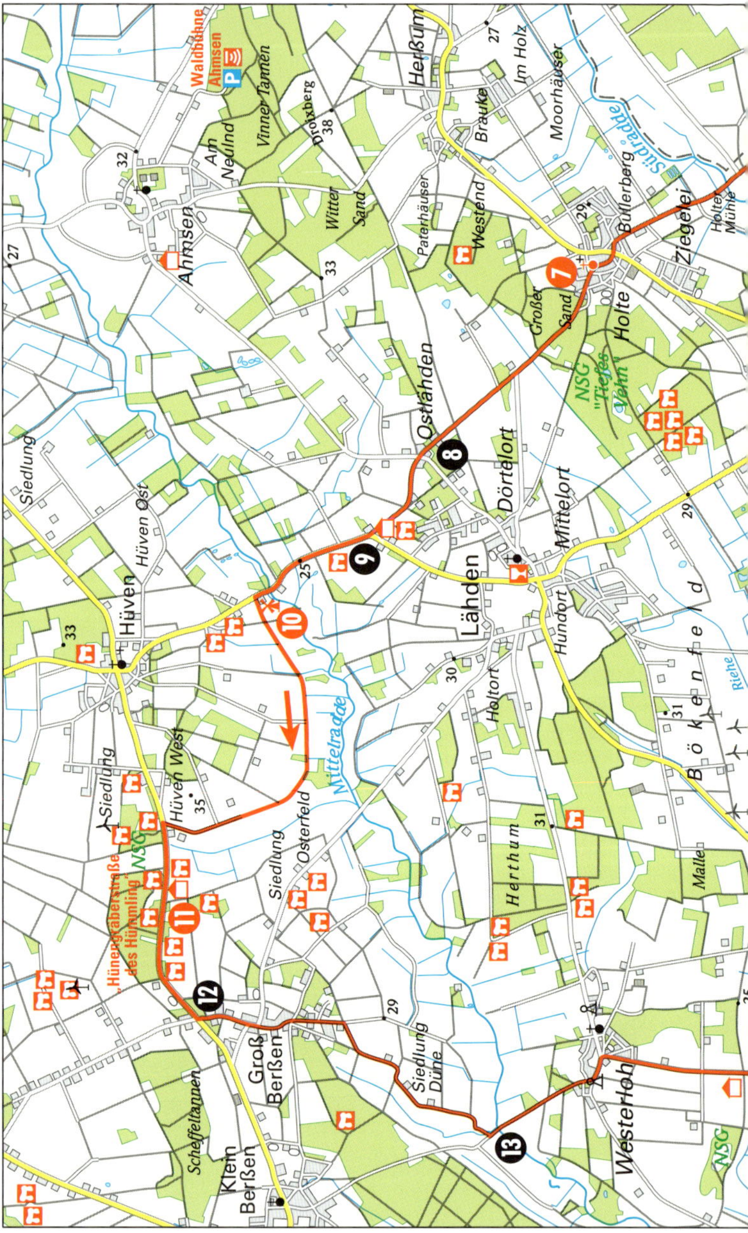

Waldbühne Ahmsen
Vinner Tannen
Am Neulnd
Droxberg
Witter Sand
Herßum
Im Holz
Brauke
Moorhäuser
Paterhäuser
Westend
Südradde
Bullerberg
Ziegelei
Holter Mühle
Ahmsen
Großer Sand
Holte
NSG "Tiefes Vehn"
Ostlähden
Dörtelort
Mittelort
Siedlung
Hüven Ost
Hüven
Lähden
Hundort
Bökenfeld
Riehe
Holtort
Mittelradde
Hüven West
Osterfeld
Siedlung
Herthum
Malle
NSG
„Hünengräberstraße des Hümmling"
Groß Berßen
Siedlung Düne
Scheffeltannen
Klein Berßen
Westerloh
NSG

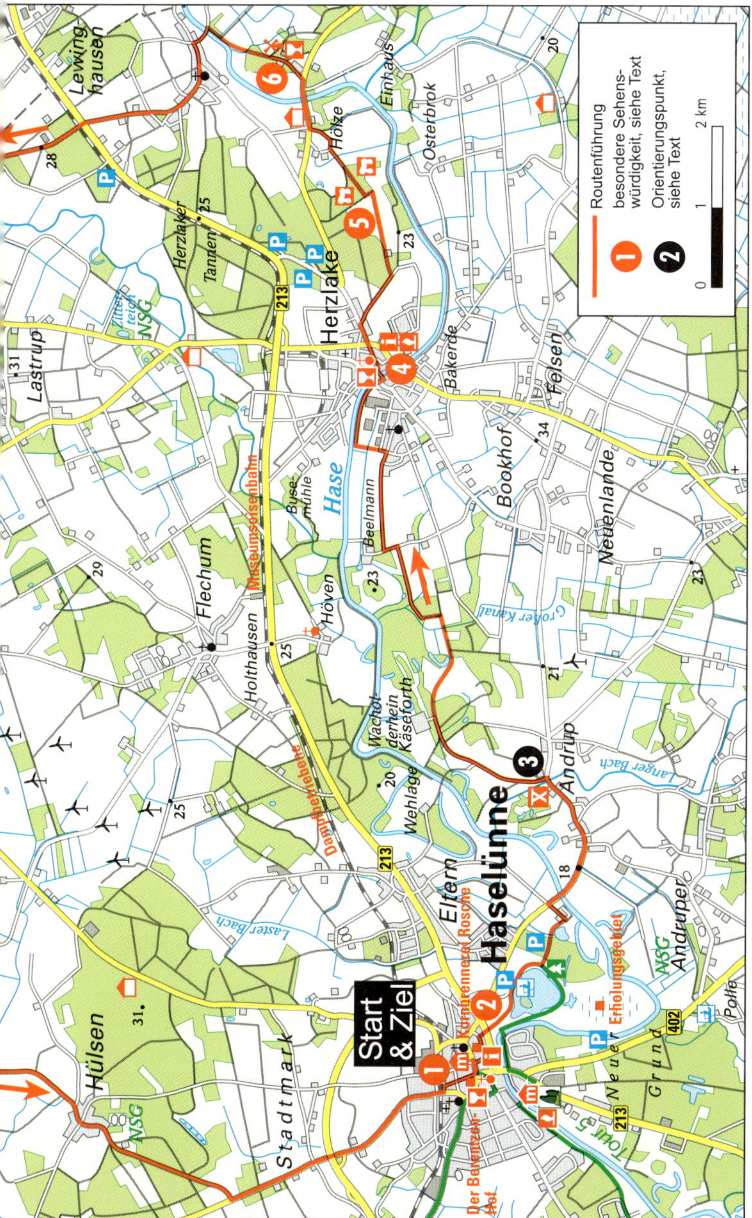
Routenführung
besondere Sehenswürdigkeit, siehe Text
Orientierungspunkt, siehe Text
0
1
2 km
Start & Ziel
Haselünne
Herzlake
Lewinghausen
Lastrup
Flechum
Hülsen
Stadtmark
Holthausen
Höven
Wachtolderhein Käseforth
Wehlage
Eltern
Andrup
Andruper
Neuer Grund
Polle
Bookhof
Felsen
Bakerde
Neuenlande
Osterbrok
Einhaus
Hölze
Beelmann
Busemühle
Hase
Herzlaker Tannen
Zitterteich
NSG
Museumseisenbahn
Dampfbetriebene
Kornbrennerei Rosche
Der Berentzen-Hof
Erholungsgebiet
Großer Kanal
Langer Bach
Laster Bach
Tour 5
213
402

Die **Kirche** geht auf das spätromanische 13. Jh. zurück, erhielt gotische Erweiterungen und wurde 1966/68 völlig neu gestaltet. Durch einen Anbau wurde das Kirchenschiff um 90° auf Nord-Süd-Richtung gedreht. Im alten Kirchenteil fallen der barocke Altar sowie der kunstvolle Taufstein (um 1200) auf.

Wir fahren rechts durch die *Haselünner Straße*, an der Kreuzung geradeaus in die *Löninger Straße* und biegen hinter der Tankstelle rechts ab *(Waldstraße)*. Schließlich geht es links *(Im Buckelfehn)* auf den HET. Im Wald
13,1 km besuchen wir das **Grabhügelfeld Kanonenberge** ❺.

So wie wir über die Kulturen der Jüngeren Steinzeit wenig wissen, so liegen auch die Siedlungen der Bronze- und Eisenzeit noch immer im Dunkeln der Geschichte. Erhalten blieb aber dieses **Grabhügelfeld** mit 18 Hügeln. Selbst in den letzten 25 Jahren gingen bedauerlicherweise noch vier Anlagen verloren. Im 19. Jh. wurden hier Begräbnisutensilien gefunden. Damals nannte man die Gesamtanlage noch Kannenfeld.

In **Hölze** radeln wir rechts durch die Bauernschaft, überqueren die
14,8 km Hase und biegen links ab zur **Aselager Mühle** ❻.

Hof Käseforth, Haselünne-Andrup

Die malerische **Aselager Mühle** hat eine wechselvolle Geschichte hinter sich. Sie wurde 1860 errichtet, aber 1941 durch einen Orkan schwer beschädigt. Erst Ende der 1970er-Jahre erfolgte eine umfassende Renovierung. Die Mühle ist heute in das luxuriöse Vier-Sterne-Romantik-Hotel Aselager Mühle integriert. Das Café lädt zu einer wohlverdienten Pause ein.

Wir fahren geradeaus, überqueren nach 1 km links die Hase, halten uns in **Westrum** links (*Oling*) und an der Kirche wieder rechts (*Dorfstraße*). Dann geht es 4,8 km geradeaus über die B 213, die Bahnstrecke Meppen-Quakenbrück sowie die Südradde nach **Holte**. An der Hauptkreuzung führt uns der Weg geradeaus *(Am Schulten-*
(21,2 km) *hof)* zur **St.-Clemens-Kirche** ❼.

Diese kleine **Dorfkirche** ist für ihre prachtvolle Barockausstattung bekannt, die zu

Aselager Mühle

einem guten Teil auf die Werkstatt von Thomas Simon Jöllemann zurückgeht. Seltenheitswert hat die blaue Vorhangmalerei, wie sie z. B. hinter der Kanzel (1720/21) zu sehen ist. Dadurch nimmt die katholische Kirche in Norddeutschland eine Sonderausstellung ein. In einer Kapelle neben der Kirche befindet sich die Kreuztracht der »Holter Juden« (1738). Sie wurde im 19. Jh. aus der Kirche entfernt, weil sie als »zu expressiv« galt.

Weiter nun geradeaus nach **Ostlähden**, vorbei am **Glockenturm** ❽, 24,1 km
der um 1700 zu einer ehemaligen Betschule gehörte, radeln immer noch geradeaus, biegen an der T-Kreuzung mit Schutzhütte rechts ab Richtung Hüven, besichtigen links im Wäldchen das **Lähdener Großsteingrab** ❾ 26,1 km
(s. u.) vorbei und erreichen an der Mittelradde die **Hüvener Mühle** ❿. 26,9 km

Dieses Kleinod unter den emsländischen Mühlen ist eine seltene Kombination von **Wasser- und Windmühle**. Die Wassermühle klapperte bereits im 16. Jh. am rauschenden Bach, bis dann 1850/51 die Windmühle auf das Dach montiert wurde. In den letzten Jahren verursachte das Fundament jedoch solche Probleme, dass die Mühle 2005 von Grund auf saniert wurde. In Norddeutschland ist sie in dieser Form einmalig.

Hinter der gleichnamigen Gaststätte biegt der ELR links ab. Der Feldweg erreicht nach 4 km die *Berßener Straße*. Dort geht es links und an der Schutzhütte sind wir mitten auf der **Hünengräberstraße des Hümmlings** ⓫ mit ihren neun Großsteingräbern angelangt. 31,7 km

Vor 4000-4500 Jahren bestatteten die Menschen der Jüngeren Steinzeit ihre Toten in riesigen Großsteingräbern. Typisch ist die sogenannte Emsländische Kammer mit ihrer ovalen Steineinfassung, dem seitlichen Eingang und dem überwölbten Grabhügel. Eine solche Grabanlage wurde rechts im Wald rekonstruiert. Sehr lange glaubte man, nur Riesen könnten die massiven Findlinge bewegt haben, deshalb nannte man die Anlagen auch Hünengräber. Heute weiß man jedoch, dass den Steinzeitmenschen sehr wohl die entsprechenden Bautechniken zur Verfügung standen. Weil die Eiszeit reichlich Findlinge in der Moränenlandschaft zurückließ, mangelte es auch nicht an Baumaterial. Nichtsdestotrotz erstaunen die Ausmaße mancher Großsteingräber, wie z. B. das des Königsgrabes rechts im Wald. Wenn im Spätsommer dann die Heide blüht, »muss« der Besucher sich einfach wohlfühlen. Leider sind nicht alle Grabanlagen so gut erhalten. Links der Straße zeigt sich, dass viele Steine als Baumaterial abtransportiert wurden. Schon 1825 beklagte der Aschendorfer Rechtsanwalt Heinrich Bödiker diesen Raubbau, was zu ersten Denkmalschutzmaßnahmen führte. In dieser Konzentration ist die Massierung der Großsteingräber eine Besonderheit. Erstaunlich ist auch die Stille des gesamten Areals der Hünengräberstraße, das wie ein steinzeitliches Freilichtmuseum wirkt. Entlang der Straße nach Groß Berßen stehen linkerhand noch zwei weitere Großsteingräber.

Historische Hasetal-Bahn

33,5 km In **Groß Berßen** radeln wir links in die **Dorfstraße** ⓬. Wir fahren immer geradeaus und biegen am Ortsausgang rechts ab (*Westerloher Weg*).
37,5 km Nach 2,4 km geht es links über die **Mittelradde** ⓭ nach **Westerloh**. Dort halten wir uns an der T-Kreuzung links und nach 300 m rechts (*Am Jugendheim*) nach **Hülsen**. Wir rollen geradeaus durch den Ort und biegen an der T-Kreuzung links ab nach **Haselünne**. Hinter der Bahnlinie links und am Bahnhof sofort wieder rechts (*Bahnhofstraße*). Wir sehen den Berentzen-Hof (s. Tour 5, S. 64f.)
47,1 km und fahren am Straßenende links zum Markt ❶ von **Haselünne**.

Mit etwas Glück erwischt man einen der Tage, an dem die Museumseisenbahn die Bahnstrecke Meppen-Haselünne-Herzlake-Essen befährt. Dann kann man sein Rad im Gepäckwagen verstauen und die Dampfzug-Romantik vergangener Tage im Emsland genießen (Infos: www.eisenbahnfreunde-hasetal.de).

Heide auf der Hünengräberstraße bei Groß-Berchen)

Den Flussschiffern stromabwärts folgen

Meppen – Haren – Landegge – Lathen – Steinbild – Heede – Rhede – Papenburg

Bis Meppen befuhren schon früh die »Pünten« genannten Flachschiffe die Ems. Seit 100 Jahren übernimmt der Dortmund-Ems-Kanal nun diese Verbindungsfunktion. Wir folgen Strom und Kanal über alte Treidelpfade, die von langen Baumreihen gesäumt werden, Richtung Norden und passieren dabei das alte Schifferstädtchen Haren, ebenso den prächtigen Landsitz Landegge sowie den idyllischen Kirchplatz von Lathen. Ab Rhede macht sich maritimer Einfluss bemerkbar, weil die Gezeiten auf der Ems schon deutlich spürbar sind. An der bekannten Meyer-Werft wird die Ems bereits offiziell zur Seewasserstraße, bevor wir in Deutschlands ältester Fehnkolonie, Papenburg, vor Anker gehen.

Schifffahrtsmuseum Haren

Start:	Bahnhof Meppen
Ziel:	Bahnhof Papenburg (Rückfahrt mit den stündlich verkehrenden Regional-Zügen)
Streckenlänge:	67,6 km; Abstecher zum Transrapid-Besucherzentrum Lathen: hin und zurück 4,6 km.
Sehenswürdigkeiten:	Meppen: Altstadt; Haren: Schifffahrtsmuseum, Emsland-Dom, Mühlenmuseum, Haus Landegge; Lathen: Kirchplatz, Transrapid-Besucherzentrum; St.-Georg-Kirche Steinbild; Alte Rheder Kirche; Meyer-Werft Papenburg
Wegbeschaffenheit:	Absolut flach; zumeist gut ausgebaute, geschotterte Treidelpfade, auch einige Radwege an Straßen
Wegweisung:	Emsland-Route (ELR), Rad-Route Dortmund-Ems-Kanal (DEK), Ems-Radweg (ERW)
Information:	Tourist Information Meppen (TIM) e.V., Markt 4, 49716 Meppen, Tel. (05931) 15 31 06, E-Mail: tim@meppen.de, Internet: www.meppen.de; Touristikverein Haren (Ems) e.V., Neuer Markt 1, 49733 Haren (Ems), Tel. (05932) 713 13, E-Mail: touristinfo@haren.de, Internet: www.haren.de; Gäste-Info-Service Lathen, Große Straße 3, 49762 Lathen, Tel. (05933) 66 47, E-Mail: gaeste-info@lathen.de, Internet: www.lathen.de; Touristikverein Samtgemeinde Dörpen e.V., Hauptstraße 25a, 26892 Dörpen, Tel. (04963) 90 96 14, E-Mail: info@doerpen-touristik.de, Internet: www.doerpen-touristik.de; Touristikagentur Rhede, Emsstr. 15, 26899 Rhede (Ems), Tel. (04964) 18 00, E-Mail: museum@rhede-ems.de, Internet: www.rhede-ems.de; Papenburg Tourismus GmbH, Ölmühlenweg, 26871 Papenburg, Tel. (04961) 839 60, E-Mail: info@papenburg-tourismus.de, Internet: www.papenburg-tourismus.de
Verknüpfungen:	In Meppen auch Start von Tour 5, in Haren Anschluss an Tour 8, in Heede und Rhede Anschluss an Tour 9. Zusammen mit Tour 10 Zwei-Tages-Tour möglich.

Die Tour auf einen Blick

Nr.	km	Beschreibung
❶		Vom **Bahnhof Meppen** re. und li. in *Bahnhofstr.* Nach 150 m re. über Ampel geradeaus in *Schützenstr.* Nach 500 m li. in Uferstr. Am Straßenende li. auf Treidelpfad. Vorbei an
❷	2,1	**Yachthafen**, über Holzbrücke und auf Treidelpfad immer geradeaus bis

3	8,2	**Schleuse Hüntel**. Nach 550 m vor Düker li. auf Treidelpfad. Nach 2,1 km re. durch Flussaue einen Altarm umfahren, unter B 408 hinweg nach **Haren**. Li. über alte **Emsbrücke**. Li. in *Schleusenstr.*, vor Schleuse re. in *Kanalstr.* zum
4	13,3	**Schifffahrtsmuseum**. Dort re. in *Werftstr.* und nach 200 m re. in *Kirchstr.* Vorbei am **Emsland-Dom St. Martinus**. Nach 100 m li. in *Lange Str.*, nach weiteren 150 m rechts über *Alter Markt* bis *Neuer Markt*. Dort li. am Rathaus vorbei in *Sandkühler Str.* Nach 200 m an T-Kreuzung li. und vor Kanal re. in *Landegger Str.* Nach 1,4 km am
5	15,8	**Mühlenmuseum Haren** vorbei. Nach 1,4 km li. (*Landegge-Sande*). Geradeaus und hinter Wäldchen re. zum
6	18,2	**Haus Landegge**. Über Allee zur Landstr., dort li. und nach 300 m li. (*Landegge-Dorf*). Nach 200 m Abstecher li. zur
7	19,2	**Landegger Kapelle**. Zurück und li. (*Landegge-Dorf*). Am Straßenende li. auf Landstraße. Nach 1,1 km scharf re. zum **Aussichtsturm** an Ems. Über Treidelpfad li., re. über **Emswehr** und nach 650 m am Pferdehof Junkern-Beel li. An
8	23,4	**Schleuse Hilter** über Kanal und sofort li. auf Treidelpfad (DEK). Nach 3,5 km vom Treidelpfad re. und über *Marschstr.* (ELR) nach **Lathen**. Die *Kirchstr.* hinauf und nach 150 m li. zur
9	27,9	**St.-Vitus-Kirche**. Zurück und geradeaus über *Kirchstr.* Nach 100 m li. in *Hauptstr.* und nach 250 m schräg li. in *Mühlenstr.* Nach 800 m an der
10	29,2	**Ampelkreuzung** (*Niederlangener Str.*)
11		(Abstecher zum **Besucherzentrum Transrapid**). Geradeaus über Kreuzung auf *Düther Str.* (später: *Lathener Str.*). An Kanal entlang zur Schleuse Düthe. An Schleusenbrücke geradeaus und nach 500 m li. auf Treidelpfad bis
12	36,1	**St.-Georg-Kirche** in **Steinbild**. Auf *Kirchstr.* zweimal li. und über **Emsbrücke**. Nach 400 m re. durch **Marinapark**, am Hafen-Café vorbei, über Brücke im Yachthafen und dann re. um Marina-Gelände herum zurück zum Kanal. Nach 3,3 km an Abzweig des **Küstenkanals** vorbei zur Brücke der
13	44,0	**B 401**. Li. ab und sofort wieder re. bis nach **Heede** hinein. Nach 1,6 km re. in
14	45,8	**Marschstr**. Nach 1,2 km an Straßenende re. auf Landstr. Nach 2,9 km li. nach **Borsum**, nach 600 m re. *An der Lake* und im Ort li. zur
15	51,1	**Kirche**. Re. in *Kirchweg* und nach 300 m li. auf *Borsumer Str.* In **Rhede** an
16	53,8	**Alter Rheder Kirche** vorbei, nach 200 m re. in *Sielstr.* bis Deich. Radweg nach li., dann re. über
17	55,0	**Emsbrücke**. Radweg hinunter, unter Straße hinweg und an T-Kreuzung ELR li. Richtung Papenburg. Radweg überquert Deich und 8,8 km geradeaus bis
18	64,4	**Seeschleuse** vor **Meyer-Werft**. Radweg am Yachthafen vorbei, li. in *Seeschleusenstr.* und re. über *Wehrdeich* (später: *Zur Seeschleuse*). Nach 2,4 km über Eisenbahn, sofort re. in *Bahnhofstr.* zum
19	67,6	**Bahnhof Papenburg**.

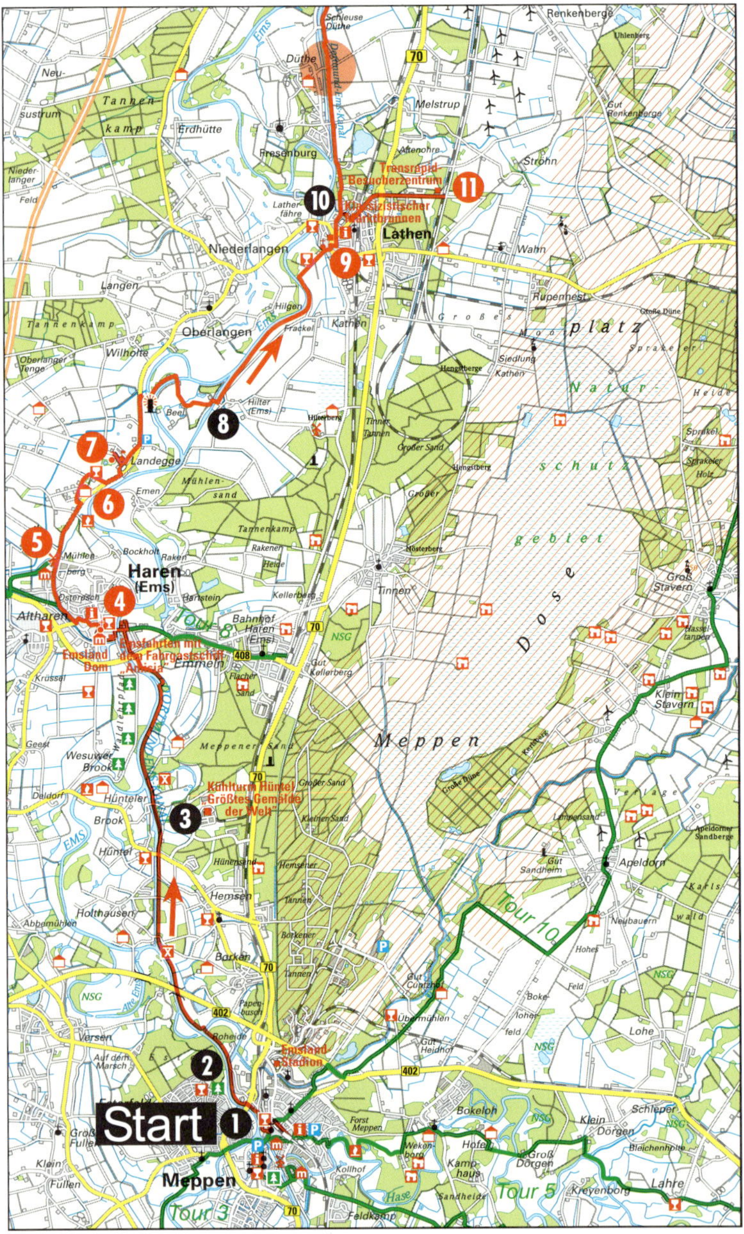
Schleuse Düthe
Düthe
Dortmund-Ems-Kanal
Renkenberge
Uhlenberg
Melstrup
Gut Renkenberge
Neu-sustrum
Tannen-kamp
Erdhütte
Fresenburg
Altenohre
Strohn
Transrapid-Besucherzentrum
11
Lather fähre
10
Klassizistischer Marktbrunnen
Lathen
Wahn
Niederlangen
9
Langen
Rupennest
Hilgen
Frackel
Kathen
Oberlangen
Große Düne
Großes Moor
Platz
Sprakel
Wilholte
Siedlung Kathen
Hengstberge
Natur-
Heide
Beel
Hilter (Ems)
8
Hilterberg
Tinner Tannen
Großer Sand
7
Landegge
Mühlen-sand
Hengstberg
schutz
Sprakeler Holz
Emen
6
Gröber
Tannenkamp
gebiet
5
Rakener Heide
Nösterberg
Bockholt
Raken
Haren (Ems)
Mühlenberg
Kellerberg
Tinnen
Groß Stavern
4
Harstein
Dose
Altharen
Bahnhof Haren (Ems)
Tour 8
Emsland Dom
Emsfahrten mit dem Fahrgastschiff „Amisia"
Emmeln
Gut Kellerberg
Krüssel
Flacher Sand
Klein Stavern
Meppen
Geest
Meppener Sand
Wesuwer Brook
Großer Sand
Deldorf
Hünteler
Kühlturm Hüntel „Größtes Gemälde der Welt"
3
Kleiner Sand
Brook
Ems
Hüntel
Apeldorn
Apeldorner Sandberge
Hünensand
Hemsener
Gut Sandheim
Hemsen
Tannen
Holthausen
Abbemühlen
Borkener
Karls wald
Neubauern
Tour 10
Borken
Hohes
Tannen
Gut Cunzhof
NSG
Papenbusch
Boke
Feld
Lohe
Roheide
Versen
Übermühlen
Gut Heidhof
Auf dem Marsch
Emsland-Stadion
2
Bokeloh
Schleper
Start
1
Forst Meppen
Klein Dörgen
Groß Fullen
Weken-borg
Hofeln
Groß Dörgen
Bleichenhölle
Klein Fullen
Kamp-haus
Meppen
Kollhof
Sandheide
Tour 5
Kreyenborg
Lahre
Hase
Tour 3
Feldkamp
70
402
408

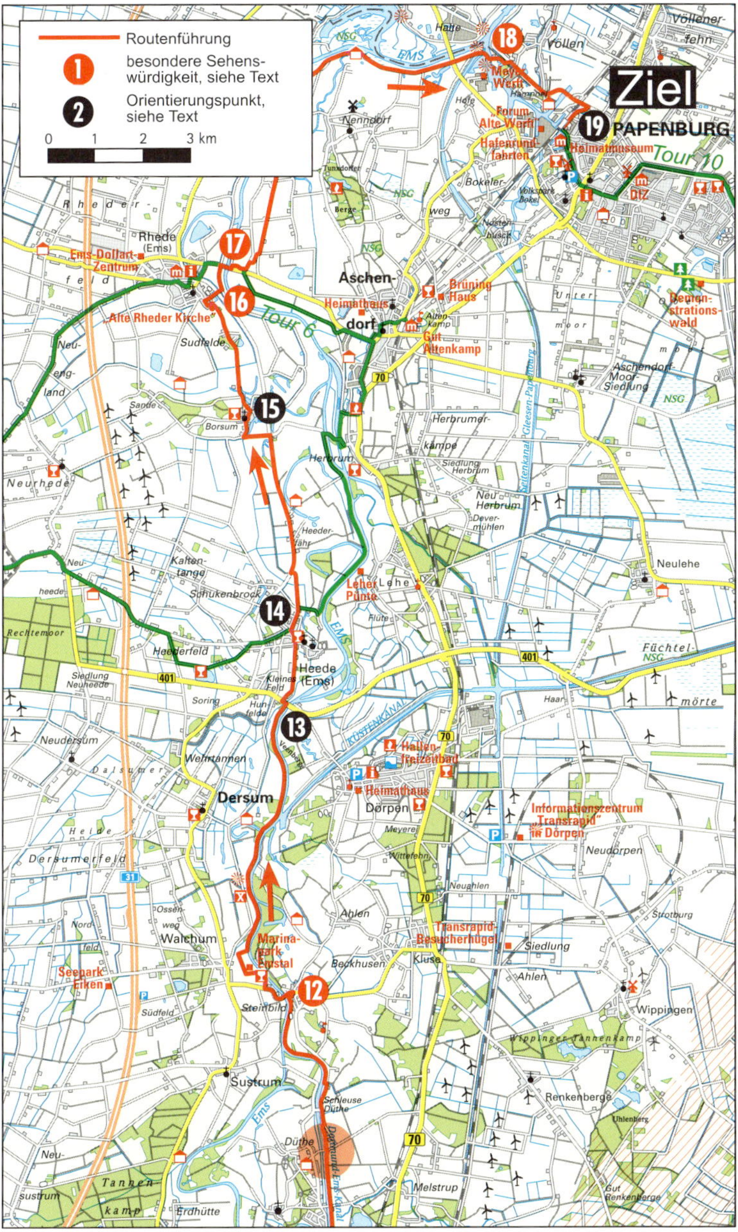
Routenführung
1 besondere Sehenswürdigkeit, siehe Text
2 Orientierungspunkt, siehe Text
0 1 2 3 km
Ziel
18
19 PAPENBURG
Meyer Werft
„Forum Alte Werft"
Hafenrundfahrten
Heimatmuseum
Tour 10
DIZ
Völlen
Völlenerfehn
Halte
EMS
NSG
Nenndorf
Bokelerweg
Rhederfeld
Rhede (Ems)
Ems-Dollart-Zentrum
17
16
„Alte Rheder Kirche"
Tour 6
Sudfelde
Aschendorf
Heimathaus
Brüning Haus
Gut Altenkamp
Demonstrationswald
Untermoor
Aschendorf-Moor-Siedlung
15
Borsum
Neuengland
Neurhede
Herbrum
Herbrumerkampe
Neu Herbrum
Heederfähr
Kaltentange
Schukenbrock
14
Leher Pünte
Lehe
Neuheede
Rechtemoor
Heederfeld
Heede (Ems)
Siedlung Neuheede
Neulehe
Füchtelmörte
401
13
Küstenkanal
Hallenfreizeitbad
Heimathaus
Dörpen
Informationszentrum „Transrapid" in Dörpen
Neudörpen
Neudersum
Dersum
Wehrtannen
Dersumerfeld
Walchum
Marina-park Emstal
Seepark Eiken
12
Steinbild
Beckhusen
Ahlen
Kluse
Transrapid-Besucherhügel
Siedlung Ahlen
Wippingen
Wippinger Tannenkamp
Sustrum
Renkenberge
Schleuse Düthe
Düthe
Dortmund-Ems-Kanal
Melstrup
Neusustrum
Tannenkamp
Erdhütte
Gut Renkenberge
70
31

Haus Landegge

Vom **Bahnhof Meppen** ❶ rechts und sofort links in die *Bahnhofstraße* radeln. Nach 150 m fahren wir rechts über die Ampel geradeaus in die *Schützenstraße*. Nach 500 m geht es links in die *Uferstraße*, durch altes Hafengebiet und am Straßenende links auf den Treidelpfad am Kanal, vorbei am
2,1 km **Yachthafen** ❷. Auf einer Holzbrücke überqueren wir einen Altarm der Ems.
8,2 km Danach radeln wir geradeaus bis zur **Schleuse Hüntel** ❸, wo zwei gemütliche Cafés zu einer Pause einladen. Nach 550 m dann vor einem Düker wieder links auf den Treidelpfad. Schließlich umfahren wir rechts einen Altarm und gelangen unter der B 408 hindurch zur alten **Emsbrücke in Haren**, die wir überqueren. Dahinter verläuft die *Schleusenstraße* nach links und die *Kanal-*
13,3 km *straße* nach rechts zum interessanten **Schifffahrtsmuseum** ❹ am Haren-Rütenbrock-Kanal. Wir biegen rechts in die *Werftstraße* und nach 200 m rechts in die *Kirchstraße* zum wuchtigen **Emsland-Dom St.-Martinus**.

Für **Schifffahrtsmuseum** und **Emsland-Dom** sowie **Mühlenmuseum** in Haren s. Tour 8, S. 98 ff.

Nach 100 m müssen wir links in die *Lange Straße*, rechts über den *Alten* zum *Neuen Markt*, dann links am Rathaus und der Touristeninformation vorbei (*Sandkühler Straße*). An der T-Kreuzung weiter links und vor dem
15,8 km Kanal rechts auf die *Landegger Straße*. Nach 1,4 km wird das **Mühlenmuseum Haren** ❺ erreicht (s. Tour 8, S. 103) und wir biegen nach weiteren 1,4 km links ab (*Landegge-Sande*). Es geht geradeaus und hinter dem Wäldchen
18,2 km rechts zum **Haus Landegge** ❻.

Emsland-Dom St. Martinus

Im Mittelalter verengte sich an dieser Stelle der passierbare Landstreifen zwischen Ems und Bourtanger Moor, sodass sich die Anlage einer Burg lohnte, um die Friesische Straße von Münster nach Norden sowie den Emsverkehr zu kontrollieren. Gegen Ende des 17. Jh. rückten jedoch repräsentativere Bedürfnisse in den Vordergrund. So wurde die dreiflügelige Anlage 1695 von Wilhelm Diedrich v. Schade errichtet. Sie ist von einer Gräfte umgeben. Schade ahmte in kleinerem Stil Schloss Dankern (s. Tour 8, S. 102) nach. Heute ist das ansehnliche **Herrenhaus** ein Ferien- und Reiterhof. Ein gemütliches Café lädt zu Kaffee und Kuchen ein.

Von der Zufahrtstraße biegen wir links ab auf die Landstraße, nach 300 m wieder links (*Landegge-Dorf*) und nach weiteren 200 m noch einmal
19,2 km links zur **Landegger Kapelle** 7.

Von der mittelalterlichen Burg Landegge blieb leider nichts erhalten. Dafür steht auf einer Warft die schmucke **Kapelle** mit ihrem separaten hölzernen Glockenstuhl. Sie ist die moderne Kopie (1960) eines Vorläuferbaus aus dem 17. Jh. Sehenswert sind die Holzbänke mit schönen Schnitzereien und die Totenschilde für verstorbene Adlige aus dem 18. Jh.

Wir radeln zurück, biegen links ab (*Landegge-Dorf*) und am Straßenende links auf die Landstraße. Nach 1,1 km verläuft der ELR scharf rechts durch ein Landschaftsschutzgebiet zu einem **Aussichtsturm** an der

Bauernhaus im Gulfhaus-Stil am Kirchplatz Lathen

Schiff vor St.-Georg-Kirche, Steinbild

Ems. Hier wurde ein Altarm wieder an den Fluss angeschlossen. Über den Treidelpfad geht es am Campingplatz vorbei, rechts über das Emswehr, am riesigen Reiterhof Junkern-Beel vorbei und an der **Schleuse Hilter** ❽ über 23,4 km
den Kanal. Wir biegen sofort links auf den Treidelpfad (DEK). Nach 3,5 km führt unsere Route nach rechts auf die geteerte *Marschstraße* und geradeaus nach **Lathen** (ELR). Am Ortseingang fahren wir die *Kirchstraße* hinauf und links zur **Kirche** ❾. 27,9 km

Deckenfresken, St.-Vitus-Kirche Lathen

Der Kirchplatz von Lathen ist der schönste im ganzen Emsland. Hohe Bäume und wunderschöne Bauern- und Bürgerhäuser vermitteln einen idyllischen Eindruck. Mittelpunkt ist die **St.-Vitus-Kirche**, ein spätgotischer Hallenbau von 1528-31. Im Altarraum wurden 1987 bei einer Renovierung wertvolle Fresken von 1531 entdeckt. Bemerkenswert sind auch der Taufstein aus dem 13. Jh. sowie eine Grabplatte von 1655. Um 1700 entstand die barocke Vitusfigur, welche den damaligen Kirchenbau als Modell in der Hand trägt. Von den umstehenden Häusern sind der Bauernhof im Gulfhaus-Stil von 1885 sowie das benachbarte Haus die reizvollsten. Sie dokumentieren auch die langsame Verstädterung der Gemeinde.

Wir radeln die *Kirchstraße* zurück, geradeaus weiter, biegen links in die *Hauptstraße* und an der großen Kreuzung schräg links in die *Mühlenstraße* (Rad-Schild »Dörpen+Steinbild«). Am Ende der Straße erreichen wir eine Ampel hinter einer Lärmschutzwand an der **Niederlangener** 29,2 km

Alte Rheder Kirche

Straße ⓾. Hier beginnt der Abstecher zum Transrapid-Besucherzentrum ⑪. Wir überqueren die Straße an der Ampel und fahren geradeaus über die *Düther Straße* (später: *Lathener Straße*). Wir folgen dem Kanal bis zur Schleuse Düthe (ELR, DEK, ERW). An der Schleusenbrücke halten wir uns geradeaus, biegen nach 500 m links auf den Treidelpfad und erreichen schließlich die
36,1 km St.-Georg-Kirche ⑫ in **Steinbild**.

Schon von weitem grüßt am Emsufer der wuchtige Kirchturm mit der Jahreszahl 1512. Im Inneren tötet der Namensgeber Georg den Drachen, während die zweistöckige Orgelempore die Blicke auf sich lenkt. Kunstvoll gestaltet ist auch der mittelalterliche Taufstein der St.-Georg-Kirche aus dem 13. Jh.

Wir biegen von der *Kirchstraße* zweimal links ab, umrunden das Gasthaus Janßen, überqueren die Ems und radeln nach 400 m rechts durch den **Marinapark Walchum**. Hinter dem Hafencafé passieren wir eine Brücke und umfahren die luxuriöse Anlage nach rechts, bis wir wieder an der Ems sind. Nach 3,3 km radeln wir am Abzweig des **Küstenkanals** vorbei und
44,0 km unterqueren schließlich die **B 401** ⓭. Wir biegen dahinter links ab und sofort
45,8 km wieder rechts, fahren nach **Heede** hinein, müssen rechts in die **Marschstraße** ⓮ und rollen geradeaus bis zum Straßenende. Dort geht es rechts auf die Landstraße, nach 2,9 km links Richtung **Borsum**, nach weiteren 600 m rechts
51,1 km (*An der Lake*) und im Ort links zur **Kirche** ⓯ und zum **Gasthof Kassens**. Weiter nun rechts in den Kirchweg, nach 300 m links in die *Borsumer Straße*, kommen bald an einen Badesee und erreichen am Ortseingang von **Rhede**
53,8 km die Alte Rheder Kirche ⑯.

Aussichtsturm an der Ems,
zwischen Landegge und Hilter

Angesichts der Tatsache, dass die Ems früher unmittelbar an Rhede vorbeifloss, war die Lage der Kirche auf erhöhtem Terrain zwingend notwendig. Der spätgotische Ziegelbau stammt aus dem 15. Jh. Im Inneren sind Rankenmalereien von 1511 erhalten geblieben. Nachdem 1913 die Neue Rheder Kirche (s. Tour 9, S. 108) errichtet wurde, verlor die bisherige Kirche ihre Funktion. Seit 1964 dient die **Alte Rheder Kirche** als Gedenkstätte für die Opfer der Weltkriege und des Nationalsozialismus. Neben Veranstaltungen erfreuen auch regelmäßig Konzerte unter dem Kreuzgewölbe die Besucher.

Nach gut 200 m radeln wir rechts in die *Sielstraße*, überqueren die alten Emssiele und die Landstraße, biegen vor dem Deich links ab und fahren schließlich rechts über die **Brücke** der **Ems** 17.

55,0 km

Schiffsüberführung »Norwegian Jewel« auf der Ems bei Papenburg

Die **Ems** wird hier bereits deutlich von den Gezeiten beeinflusst. Rund 2,4 m beträgt der Tidenhub. Das weite Gebiet zwischen den Deichen ist inzwischen ein Naturschutzreservat, das vielen Vögeln als Brutstätte dient. Auf dem Weg nach Papenburg vermitteln Infotafeln weitere Hintergrundinformationen.

Wir folgen dem Radweg nach unten und an einer T-Kreuzung links Richtung Papenburg (ELR, ERW). Nun überqueren wir den Deich und radeln rechtsseitig an ihm weiter . Mehrfach geht es auf die Deichkrone, bis wir schließlich die **Meyer-Werft** und die Hafeneinfahrt von Papenburg an der **Seeschleuse** (18) erreichen. 64,4 km

Schon aus der Ferne fallen die riesigen Montagehallen der **Meyer-Werft** ins

Abzweig Dortmund-Ems-Kanal und Küstenkanal

Auge. In dem größten Trockendock der Welt (375 m lang, 125 m breit und 75 m hoch) werden die luxuriösen Kreuzfahrtschiffe gebaut, für die Meyer bekannt ist. Wenn ein Luxusliner die Werft verlässt, herrscht am Emsufer Volksfeststimmung. Gegründet wurde die Werft 1795. Angeblich musste der Urahn der Meyers bei der Einwanderung nach Papenburg sowohl seinen Namen und seine Religion wechseln, um in der katholischen Fehnkolonie Fuß fassen zu können. Zu den bekanntesten Schiffen der Werftgeschichte gehört die »Graf Goetzen« – bekannt geworden durch die Hollywood-Verfilmung »African Queen« – die noch heute über den Tanganjika-See schippert. Besichtigungen der Werft können über die Papenburg Tourismus GmbH gebucht werden (s. o.). An der **Seeschleuse**, deren Vorläufer noch auf Stadtgründer Dietrich von Velen zurückgeht, wird die Ems übrigens offiziell vom Fluss zur Seewasserstraße.

Schafe auf Emsdeich

Transrapid Lathen

Hinter der Schleuse führt der schmale Radweg geradeaus am Yachthafen vorbei, links über die *Seeschleusenstraße* und rechts über den *Wehrdeich*. Zur Linken beginnt im Ort Völlen sofort Ostfriesland. Nach 2,4 km überqueren wir die Eisenbahn, radeln rechts in die *Bahnhofstraße* und erreichen den **Bahnhof Papenburg ⓳**. 67,6 km

Für die Sehenswürdigkeiten von Papenburg s. Tour 10, S. 118 ff.

Abstecher zum Transrapid-Besucherzentrum

An der **Niederlangener Straße ❿** halten wir uns rechts. Wir überqueren die Bahn, fahren unter der B 70 hinweg und erreichen geradeaus das **Transrapid-Besucherzentrum ⓫**. Der Rückweg ist wie der Hinweg zur Ampel an der **Niederlangener Straße ❿**.

Auf Betonstelzen zieht der Transrapid auf einer 31,5 km langen Versuchsstrecke mit bis zu 400 km/h seine Bahnen. Im **Besucherzentrum** wird die Entwicklung des Transrapids nachgezeichnet. Filme und ein Modell veranschaulichen die Technik. Besonders stolz ist man auf die erste kommerzielle Magnetschwebebahn in Shanghai. Gelegentlich können Besucher bei Testfahrten »auf Höhe Null« mitschweben (Besucherzentrum: Mo-Fr 9-16.30 Uhr).

Von Kapitänen und Windmüllern

Bahnhof Haren – Haren – Dankern – Haren – Bahnhof Haren

Diese kinderfreundliche Tour rund um die alte Schifferstadt Haren bietet ein interessantes Schifffahrtsmuseum, Badespaß am Freizeitsee Dankern, viel Unterhaltung rund um das Wasserschloss Dankern sowie einen Abstecher zum Mühlenmuseum nordwestlich von Haren. Und das alles in Sichtweite des wuchtigen Emsland-Domes mitten in Haren. Das Land an Ems und Haren-Rütenbrock-Kanal, dem letzten intakten links-emsischen Kanal, bietet der gesamten Familie etwas.

Freizeitsee Dankern

Start/Ziel:	Bahnhof Haren
Streckenlänge:	19,0 km
Sehenswürdigkeiten:	Haren: Schifffahrtsmuseum, Emsland-Dom, Freizeitzentrum Schloss Dankern, Freizeitsee Dankern, Mühlenmuseum
Wegbeschaffenheit:	Gute Radwege entlang von Straßen, Kanälen und Deichen
Wegweisung:	Örtliche Wegweisung
Information:	Touristikverein Haren (Ems) e.V., Neuer Markt 1, 49733 Haren (Ems), Tel. (05932) 713 13, E-Mail: touristinfo@haren.de, Internet: www.haren.de
Verknüpfungen:	In Haren Übergang zu Tour 7.

Die Tour auf einen Blick

Nr.	km	Beschreibung
1		Am **Bahnhof Haren** geradeaus in *Bahnhofstr.* Nach 350 m li. und sofort re. auf *Emmelner Str.* Nach 2,4 km re. über alte Hauptstraße (weiter *Emmelner Str.*). Hinter **Emsbrücke** li. in *Schleusenstr.* Vor Schleuse re. in *Kanalstr.* zum
2	4,1	**Schifffahrtsmuseum**. Re. in *Werftstr.* und nach 200 m re. in *Kirchstr.* zum **Emsland-Dom St. Martinus**. Nach 100 m li. in *Lange Str.* und nach weiteren 150 m re. über *Alter Markt* bis Neuer Markt. Li. am **Rathaus** vorbei in *Sandkühler Str.* Nach 200 m an T-Kreuzung li. und vor Kanal re. in *Landegger Str.* Nach 400 m Straße verlassen und li. über
3	5,6	**Treidelpfad** Kanal folgen. Nach 1,2 km über zweite
4	6,8	**Zugbrücke** li. und B 408 geradeaus überqueren. Nach 550 m li. zum Haupteingang des
5	7,6	**Freizeitzentrums Schloss Dankern**. Straße nach li. folgen und am Eingang zum **Spaßbad TOPAS** vorbei bis *Schlossallee*. Dort re. und nach 200 m li. über Waldweg zum
6	8,6	**Freizeitsee Dankern**. Am Strandcafé re. zur Straße, li. und an Kreuzung re. in *Robbenweg*. Um das Gelände bis Schranke fahren. Dort geradeaus über Kreuzung hinweg zur B 408. Re. und an Ampel li. über
4	10,9	**Zugbrücke** in *Zeppelinstr.* Nach 200 m li. auf Radweg und sofort re. auf Deich. Am Ende des Radweges re. auf *Landegger Str.* vorbei am
7	12,4	**Mühlenmuseum** bis
3	13,4	**Kanal**. Von dort Rückweg wie Hinweg zum
1	19,0	**Bahnhof Haren.**

Vom **Bahnhof Haren** 1 fahren wir geradeaus durch die *Bahnhofstraße*, an deren Ende links und sofort rechts auf die *Emmelner Straße.* Nach 2,4 km folgen wir der alten Hauptstraße (weiter *Emmelner Straße*) nach halbrechts und überqueren die **Emsbrücke**. Dahinter biegen wir links in die *Schleusenstraße* und radeln vor der Schleuse rechts in die *Kanalstraße* zum
4,1 km **Schifffahrtsmuseum** 2. Jetzt weiter rechts in die *Werftstraße* und wieder rechts in die *Kirchstraße* zum **Emsland-Dom St. Martinus**.

Auf dem Haren-Rütenbrock-Kanal, dem letzten noch befahrbaren links-emsischen Kanal, liegt eine ansehnliche Flottille vor Anker. Haren war über Jahrhunderte ein wichtiges Zentrum der Emsschifffahrt, Harener Kapitäne (Püntker) dominierten mit ihren Pünten den Flusshandel. Erstaunlicherweise ist der

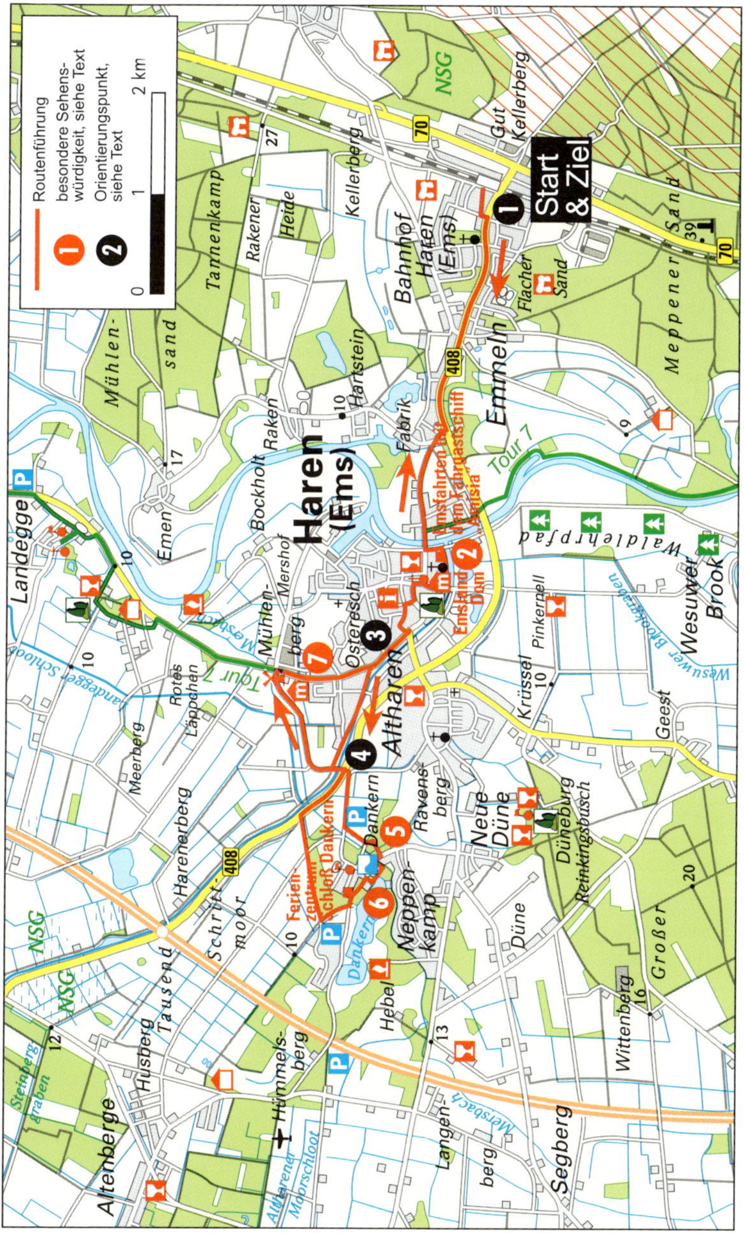
Routenführung
1 besondere Sehenswürdigkeit, siehe Text
2 Orientierungspunkt, siehe Text
0 1 2 km
Start & Ziel
Gut Kellerberg
NSG
70
Bahnhof Haren (Ems)
Kellerberg
Rakener Heide
Tannenkamp
Mühlen-sand
Flacher Sand
Meppener Sand
Emmeln
408
Hartstein
Raken
Fabrik
Haren (Ems)
Bockholt
Emen
Landegge
Emsfahrten mit dem Fahrgastschiff „Amisia"
Tour 7
Waldlehrpfad
Emsland Dom
Mershof
Mühlen-berg
Osteresch
Altharen
Pinkernell
Wesuwer Brook
Wesuwer Brookgraben
Krüssel
Geest
Landegger Schloot
Rotes Läppchen
Meerberg
Dankern
Ravensberg
Neue Düne
Düneburg
Reinkingsbusch
Ferien-zentrum Schloß Dankern
Neppenkamp
Harenerberg
Schritt-moor
Hebel
Düne
Tausend
Husberg
Hümmels-berg
Altenberge
Steinberggraben
Altharener Moorschloot
Mersbach
Langen-berg
Segberg
Wittenberg
Großer

Wasserschloss Dankern

beschauliche Ort noch heute Deutschlands drittgrößte Seestadt, denn mehr als 200 Seeschiffe kommen aus Haren. Das interessante **Museum** zeichnet mit Modellen die lange Schifffahrtsgeschichte von Haren anschaulich nach. Die Museumsschiffe (zumeist Nachbauten) können ebenfalls besichtigt werden (Mai-Okt. Di-Sa 14.30-17, Mi auch 10-12, So 14.30-17.30 Uhr). Wer auf der Ems selbst eine Runde drehen möchte, der kann mit dem **Ausflugsschiff Amisia** vom Anleger an der Schleuse auf große Fahrt gehen (Fahrplan: Tel. (05932) 713 13).

Der münstersche Architekt Wilhelm Sunder-Plaßmann (1866-1950) ist bekannt für seine imposanten Kirchen, die im gesamten Emsland zu finden sind (z.B. in Rhede und Papenburg-Obenende). In Haren erweiterte er 1908-11 eine Kirche, die erst 1854 an Stelle eines mittelalterlichen Gotteshauses errichtet wurde. Aufgrund der vergleichsweise monumentalen Ausmaße spricht man auch vom **»Emsland-Dom«** . Der Architekt hatte sich gar den Petersdom zu Rom als Vorbild genommen. Zu den mittelalterlichen Resten der Kirche gehört der romanische Taufstein (um 1200).

Nach 100 m geht es links in die *Lange Straße*, dann rechts über den *Alten* zum *Neuen Markt*. Wir halten uns links, am **Rathaus** und der Touristeninformation vorbei (*Sandkühler Straße)*, an der T-Kreuzung wieder links und vor dem Kanal rechts auf die *Landegger Straße*. Nach 400 m verlassen
5,6 km wir die Straße und radeln links über den **Treidelpfad** ❸ am Kanal weiter. Wir

Wasserschloss Dankern, Innenhof

6,8 km überqueren die zweite **Zugbrücke** ❹ nach links und fahren über die Ampelkreuzung an der B 408 geradeaus. Noch 550 m und dann links zum Haupt-
7,6 km eingang des **Freizeitzentrums Schloss Dankern** ❺.

Die Freiherren von Landsberg-Velen, Besitzer des **Wasserschlosses Dankern**, schlugen 1970 einen ungewöhnlichen Weg ein, um ihren Herrensitz zu erhalten: Sie gründeten ein Ferienzentrum, das sich ganz an den Bedürfnissen von Kindern und Familien orientiert. Kernstück ist das Wasserschloss selbst. Der Bau wurde 1680-89 vom Rentmeister des münsterschen Fürstbischofs, Johann Heinrich Martels, mit einer eingeschössigen Burganlage begonnen. Erst 1890-94 ließen die Freiherren von Landsberg-Velen (seit 1832 Besitzer), ein zweites Geschoss errichten. Besonders sehenswert ist die kleine Kapelle, die komplett mit Delfter Kacheln ausgestattet wurde, um die Feuchtigkeit herauszuhalten. Auch hinter der Küche treffen wir im »Stübchen« auf einen komplett gekachelten Raum. Eine Delfter Kachel allein ist heute an die 500 € wert (Besichtigungen Di 9.30 + 14.30 Uhr). Rund um das Wasserschloss erstreckt sich das Freizeitzentrum mit allerlei Vergnügungsmöglichkeiten (April-Okt. tgl. 10-18 Uhr, Tel. (05932) 722 30). Extras sind der Hochseilgarten und das **Spaßbad TOPAS**. Der 40 ha große **Dankerner See** wurde eigens für das Ferienzentrum angelegt und soll sogar noch ausgebaut werden. Vom Badestrand bis zur Wasserskianlage findet sich ein großes Angebot, sogar ein Kino gibt es.

Wasserskisportler, Freizeitsee Dankern

Wir folgen der Straße nach links, vorbei am **Spaßbad TOPAS** zur *Schlossallee*. Dort geht es rechts und nach 200 m links zum
(8,6 km) **Freizeitsee Dankern** ❻ (s. o.). Am Strandcafé radeln wir rechts zur Straße, dort links und an der nächsten Kreuzung rechts in den *Robbenweg*. Wir fahren rechts um das Gelände und radeln hinter der Schranke geradeaus durch die Sackgasse zur B 408. Hier radeln wir rechts und an der ersten Ampel links über die **Zug-**
(10,9 km) **brücke** ❹ in die

Mühlenmuseum Haren

Zeppelinstraße. Nach 200 m kommen wir links auf den Radweg, der sofort rechts auf den Deich abzweigt. Am Ende des Radweges fahren wir rechts zum **Mühlenmuseum** ❼. 12,4 km

Im Schatten der Mersmühle, einer Kappenwindmühle von 1825, siedelte der Heimatverein Haren ein beachtliches Gebäudeensemble an. Dazu gehört das Fachwerkhaus aus dem Jahr 1829. Das niederdeutsche Hallenhaus beherbergt die sehr sehenswerte Mühlensammlung. Anhand von Modellen werden die verschiedenen Typen erläutert. Es wird sogar die religiöse Bedeutung von Mühlen erklärt. Ein Backhaus (1809), ein hervorragend gepflegter Bauerngarten, diverse weitere Gebäude sowie ein Café runden das herrlich gelegene **Mühlenmuseum** ab. Die Mersmühle ist übrigens nur eine von sieben der ehemals 75 Windmühlen im Emsland, die noch erhalten ist (Museum: Mai-Okt. Di-Sa 14-17, Mi auch 10-12, So 14.30-17.30 Uhr, Gelände immer geöffnet).

Über die *Landegger Straße* gelangen wir wieder an den **Kanal** ❸ und 13.4 km
nehmen nun denselben Rückweg wie den Hinweg zum **Bahnhof** 19,0 km
Haren ❶.

Eine Festungsstadt im Moor

Aschendorf – Rhede – Bourtange/NL – Heede – Aschendorf

Bei Aschendorf ist die Ems bereits von den Gezeiten geprägt, sodass wir die nahe Küste schon deutlich spüren können. Westlich der Ems durchfahren wir lange Moorkolonien, während in Heede eine 1000-jährige Linde als einmaliges Naturdenkmal zur Rast einlädt. Eine ganz besondere Stimmung empfängt uns jenseits der niederländischen Grenze: In der Festungsstadt Bourtange betreten wir das 18. Jh. Damals schützte der kleine Ort den wichtigsten Weg über das unwirtliche Bourtanger Moor. Die ehemalige Grenzfeste ist heute ein idyllischer Flecken für eine ausführliche Besichtigung oder eine lange Kaffeepause unter den hohen Linden des Marktplatzes. Auf dem Rückweg treffen wir auf das herrschaftliche Gut Altenkamp in Aschendorf – ein weiterer Höhepunkt auf dieser Tour. Die hochkarätigen Ausstellungen und der wunderbare Garten sind immer einen Besuch wert.

Start/Ziel:	Bahnhof Aschendorf (alternativ: Landwirtschaftsmuseum Rhede)
Streckenlänge:	33,8 km
Sehenswürdigkeiten:	Aschendorf: Gut Altenkamp, Haus Nienhaus; Landwirtschaftsmuseum Rhede; Festungsstadt Bourtange; Heede: Freizeitsee, 1000-jährige Linde
Wegbeschaffenheit:	Wenig befahrene Feldwege und gut ausgebaute Radwege an Landstraßen
Wegweisung:	Emsland-Route (ELR), Ems-Radweg (ERW), z.T. keine Wegweisung
Information:	Papenburg Tourismus GmbH, Ölmühlenweg, 26871 Papenburg, Tel. (04961) 839 60, E-Mail: info@papenburg-tourismus.de, Internet: www.papenburg-tourismus.de; Touristikagentur Rhede (Ems), Emsstraße 15, 26899 Rhede (Ems), Tel. (04964) 18 00; E-Mail: museum@rhede-ems.de, Internet: www.rhede-ems.de; Touristikverein Dörpen e.V., Hauptstr. 25a, 26892 Dörpen, Tel. (04963) 90 96 14, E-Mail: info@doerpen-touristik.de, Internet: www.doerpen-touristik.de
Verknüpfungen:	In Rhede und Heede Anschluss an Tour 7. Vom Bahnhof Aschendorf über Emdener Str. 4,7 km bis Papenburg Hauptkanal (Rathaus). Dort Anschluss an Tour 10, s. S. 112 ff.

Windmühle und Festungswälle in Bourtange/NL

Die Tour auf einen Blick

Nr.	km	Beschreibung
1		In **Aschendorf** vom **Bahnhof** li. in *Große Str.*, über Ampel hinweg, li. um **St.-Amandus-Kirche**, durch Ortskern, dann re. in *Rheder Str.* Am Ortsausgang Radweg li. auf
2	1,7	**Deich**. Dort Radweg re. und 2,5 km geradeaus bis Flutbrücke. Dort li. und über
3	4,6	**Emsbrücke** nach **Rhede**. An Kreisverkehr re. und zum
4	5,6	**Landwirtschaftsmuseum**. Kurz zurück und re. in *Emsstr.* zur **Neuen Rheder Kirche**. Dort re. in *Kirchstr.* und nach 800 m li. in *Neurheder Str.* 4,3 km geradeaus, dann halbrechts in *Vorstrich*. Nach 1,1 km scharf li. und sofort re. über Feldweg die
5	12,0	**Grenze** überqueren. Li. auf Radweg Richtung Bourtange. Nach 1,7 km vor Bäumen nach re. und nach 300 m li. (*Bakovensweg*). Im Ort **Bourtange** li. in *Willem Lodewijkstraat*. Re. am Parkplatz und Infozentrum vorbei über drei Zugbrücken zum zentralen
6	15,7	**Marktplein** in der **Festung Bourtange**. Über *Bisschopsweg* Festung verlassen und geradeaus zur **Grenze**. Über *Bourtanger Str.* 2,8 km Richtung Heede über **Autobahn 31**. Nach 1,1 km re. und nach 650 m li. zum
7	21,4	**Heeder See**. Geradeaus nach **Heede**, an T-Kreuzung re. in *Neurheder Str.*, über Kreuzung und nach 150 m li. in *Pinnincksallee* zur
8	23,4	**1000-jährigen Linde**. Li. über *Hauptstr.* und nach 500 m li. in *Marschstr.* Nach 500 m re. in *Emsstr.* bis Emsdeich. Li. über Treidelpfad (ERW, DEK) und schließlich re. über
9	29,3	**Emswehr** und **Kanal**. Dahinter re. über Treidelpfad zur **Schleuse Herbrum**. Hinter erstem Haus re. An B 70 li. am
10	31,1	**Haus Nienhaus** vorbei und 250 m weiter li. über *Hüntestr.* Nach 1,2 km an T-Kreuzung geradeaus über *Große Str.* durch Ortskern **Aschendorf** wie auf Hinweg zum Bahnhof. Hinter Bahnübergang sofort re. und geradeaus in Parkauffahrt zum
11	33,5	**Gut Altenkamp**. Zurück zum
1	33,8	**Bahnhof Aschendorf**

Aschendorf 1 verlor 1972 seine kommunale Selbstständigkeit an Papenburg, ist aber viel älter als die Fehnkolonie. Schon um 800 soll hier eine Missionszelle bestanden haben. Die **St.-Amandus-Kirche** im Ortskern geht jedenfalls auf das 13. Jh. zurück und ersetzte mehrere hölzerne Vorgängerbauten. 1498 erfolgte ein gotischer Umbau. 1969 wurde jedoch massiv in den Kirchenbau eingegriffen. Der gotische Chor musste leider einem modernen Anbau wei-

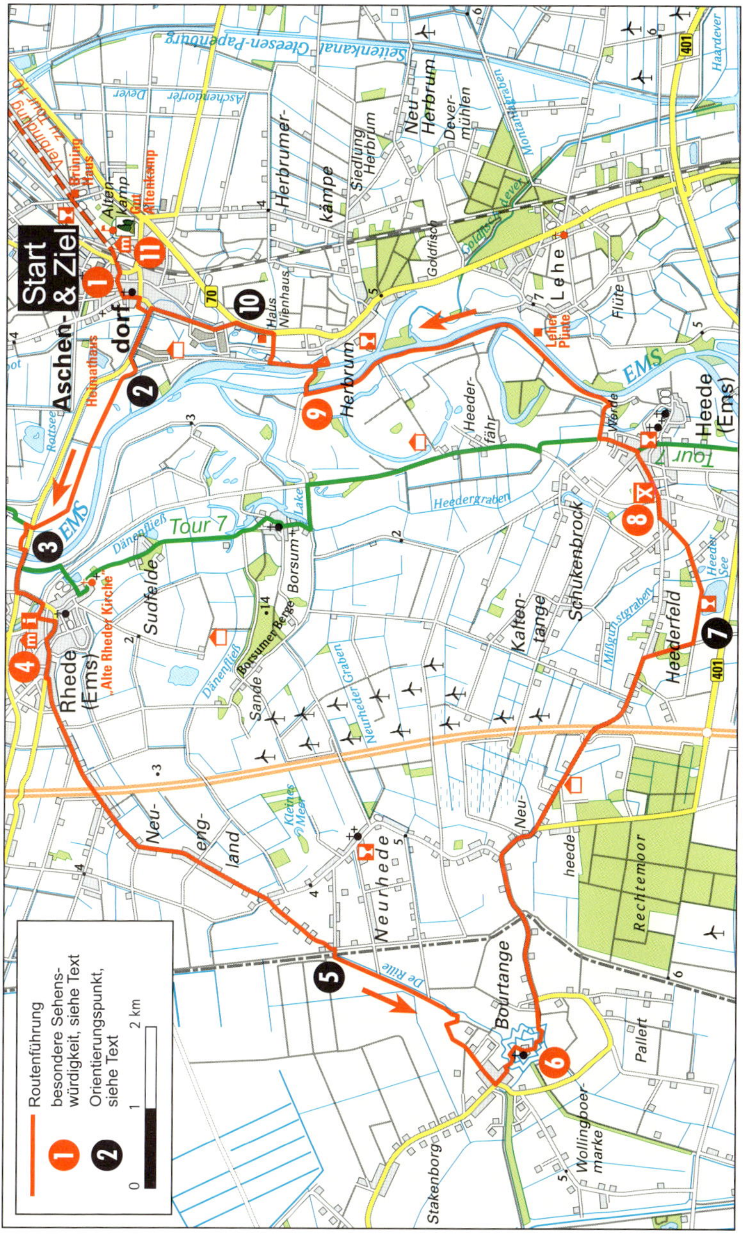
Routenführung
besondere Sehenswürdigkeit, siehe Text
Orientierungspunkt, siehe Text
0
1
2 km
Start & Ziel
Aschendorf
Verbindung zu Tour 10
Brüning Haus
Altenkamp
Gut Altenkamp
Heimathaus
Haus Nienhaus
Herbrum
Herbrumer-kämpe
Siedlung Herbrum
Neu Herbrum
Devermühlen
Goldfisch
Goldfischdever
Montaniagraben
Lehe
Leher Pünte
Flüte
Heede (Ems)
Werde
Heederfähr
Heedergraben
Schukenbrock
Kaltentange
Heederfeld
Heeder See
Mißgunstgraben
Tour 7
Rhede (Ems)
„Alte Rheder Kirche"
Dänenfließ
Sudfelde
Borsum
Borsumer Berge
Sande
Lake
Rottsee
Neuenglang
Kleines Meer
Neurhede
Neurheder Graben
Neuheede
Rechtemoor
Bourtange
De Rille
Pallert
Wollingboermarke
Stakenborg
Seitenkanal Gleesen-Papenburg
Aschendorfer Dever
Haardever
EMS
70
401

chen, sodass wir eigentlich einer Doppelkirche begegnen. Kostbar sind u. a. die zwei Taufbecken aus dem 11. und 12. Jh. **Gut Altenkamp** besuchen wir auf dem Rückweg (s. S.111).

Vom **Bahnhof Aschendorf** fahren wir links in die *Große Straße*. Wir
überqueren die Ampelkreuzung, radeln links um die **St.-Amandus-
Kirche** durch den Ortskern und rechts in die *Rheder Straße*. Am Ortsausgang
1,7 km führt der Radweg links auf den **Deich** ❷ und dann rechts 2,5 km durch die
Emsauen, die ein Vogelschutzgebiet sind. An der Flutbrücke zweigt der Rad-
4,6 km weg nach Rhede links ab und wir überqueren die **Emsbrücke** ❸. Der Rad-
weg führt halblinks nach 800 m zu einem Kreisverkehr in **Rhede**. Dort radeln
5,6 km wir rechts zum **Landwirtschaftsmuseum** ❹ mit angeschlossener Touristen-
information.

Die ansehnliche **landwirtschaftliche Sammlung** ist im ehemaligen Hof Panster-Hunfeld, einem Gulfhaus mit angebautem Wohnhaus, untergebracht. In der Scheune sind zahlreiche landwirtschaftliche Geräte ausgestellt, die einen ausführlichen Einblick in das Leben auf dem Lande zwischen 1850 und 1950 vermitteln. Beim Blick in die nachgestellte Wohnstube spürt man die einfachen Verhältnisse früherer Tage, die von harter körperlicher Arbeit geprägt waren (Di-Fr 14-17.30, Sa-So 10-17.30 Uhr). An Sonntagen verwöhnt ein Bauerncafé die Gäste mit Kaffee und Kuchen.

Wir radeln einige Meter zurück, biegen rechts in die *Emsstraße* und vor
der **Neuen Rheder Kirche** (1912/13) rechts in die *Kirchstraße*. Nach 800
m geht es links über die *Neurheder Straße* und 4,3 km durch eine ehemalige
Moorsiedlung. In einer Linkskurve fahren wir halbrechts (*Vorstrich*). Der Feld-
weg biegt vor der Grenze scharf nach links und wir überqueren die **Grenze**
12,0 km ❺ sofort nach rechts. Dahinter führt ein Radweg nach links Richtung Bour-
tange. Der Weg geht schließlich in einen Feldweg über *(De Rille)*, biegt vor
einem kleinen Busch zweimal rechts ab und an einer T-Kreuzung wieder nach links (*Bakovensweg*). Am Straßenende in **Bourtange** müssen wir nach links durch die *Willem Lodewijkstraat*, passieren das Infozentrum und die erste Zugbrücke und erreichen durch die Außenanlagen die **Festung Bourtange** mit dem zentralen **Marktplein**
❻ (*plein* = Platz). 15,7 km

Historische Aufführung, Bourtange

Zugbrücke und Festungswälle, Bourtange

Für heutige Betrachter ist der gewählte Festungsort nicht mehr nachzuvollziehen, doch zu Zeiten der spanisch-niederländischen Kriege Ende des 16. Jh. führte hier einer der wenigen sicheren Wege über das riesige Bourtanger Moor (Tange = Landrücken). Der Ort hatte also für Niederländer wie für Spanier und später auch den Münsteraner Fürstbischof eine zentrale strategische Bedeutung. So ließ Wilhelm von Oranien ab 1580 eine Festung im Moor errichten, zunächst um Groningen zu erobern, später jedoch um die Grenze nach Osten zu verteidigen. Die **Festung Bourtange** wuchs immer weiter und wurde mehrfach belagert, verlor aber im 19. Jh. schnell an Bedeutung, weil das umliegende Moor verschwand. Schließlich wurde die Festung 1851 aufgehoben und die Gräben zugeschüttet. Der Ort verfiel in einen langen Schlaf. Das änderte sich gegen Ende der 1960er-Jahre, als man beschloss, die Festung wiederaufzubauen. Als Grundlage diente der Festungsplan von 1742. So wurde Bourtange zu einem idyllischen Kleinod und Publikumsmagnet. Unter 18 schattenspendenden Linden genießen die Besucher der beiden Cafés am **Marktplein** das historische Flair. Das älteste Haus in Bourtange ist die Kapitänswohnung von 1661. Aber auch die Synagoge, die Kirche, die Mühle, die Wallanlagen sowie die schmalen Gassen sind eine Erkundung wert. Und: Bourtange ist kein Museum, sondern wird ganz normal bewohnt. 2005 begann man damit, in Richtung deutscher Grenze die Wasseranlage des Glacis wiederherzustellen. Für dieses Großprojekt werden mehrere Jahre benötigt.

Über den *Bisschopsweg*, die Munsterse Poort und drei Zugbrücken verlassen wir die Festung und radeln geradeaus zur **Grenze**. Über die *Bourtanger Straße* geht es 3,9 km geradeaus Richtung Heede über die **A 31** hinweg. Dann rechts abbiegen (ausgeschildert »Heeder See«) und nach 650
21,4 km m links zum **Heeder See** ❼ mit seinem Badestrand und der Wasserskianlage. Unser Weg führt geradeaus weiter bis nach **Heede**. Am Straßenende geht es rechts in die *Neurheder Straße*, über eine Kreuzung hinweg und nach
23,4 km 150 m links in die kleine *Pinnincksallee* zur **1000-jährigen Linde** ❽.

Von der mittelalterlichen Schärpenburg, die 1673 zerstört wurde, blieb nur diese herrliche **Linde**, die riesige Ausmaße angenommen hat. Der kleine Platz verströmt himmlische Ruhe und ist für ein Picknick ideal geeignet. Eine Schutzhütte bietet bei schlechtem Wetter Unterschlupf.

Zurück auf der *Hauptstraße* radeln wir links und nach 500 m wieder links in die *Marschstraße*. Am Ortsausgang geht es rechts in die *Emsstraße* und am Deich links auf den Treidelpfad. Wir folgen der Ems, vorbei an
29,3 km der **Fährstelle Leher Pünte** bis zum **Emswehr** ❾ bei **Herbrum**.

Das **Emswehr** und die benachbarte **Doppelschleuse Herbrum** markieren einen wichtigen Übergang. Unterhalb des Wehres ist die Ems von den Gezeiten beeinflusst (bis zu 2,40 m!). Vor dem Wehr-Bau konnten Sturmfluten noch sehr weit emsaufwärts Schäden anrichten.

Leher Pünte und Emsschiff bei Heede

Gut Altenkamp Aschendorf

Wir fahren nach rechts über Wehr und **Kanal**, biegen danach rechts auf den Treidelpfad ab, unterqueren die Brücke und kommen bald zur **Doppelschleuse Herbrum**. Vor dem ersten Schleusentor dann rechts ab zur B 70. Dort radeln wir links am spätklassizistischen **Haus Nienhaus** ⑩ (1832/33) vorbei. Nach 200 m biegt der Radweg links auf die alte Bundesstraße *(Hüntestraße)* ab. An der Kreuzung *Rheder Straße* führt die Route geradeaus über die *Große Straße* (wie Hinweg), überquert am **Bahnhof** die Bahnlinie, biegt sofort rechts ab und die Zufahrt zum **Gut Altenkamp** ⑪ ist erreicht.

31,1 km

33,5 km

In einem herrlichen Park liegt nach Schloss Clemenswerth das bedeutendste Herrenhaus des Emslandes. Allein der barocke Garten hinter dem Palais verführt zu einer ausführlichen Besichtigung. Erbaut wurde Altenkamp 1728-32 vom Drosten des Emslandes, Hermann Anton Bernhard v. Velen. Als oberster Vertreter des Fürstbischofs von Münster wollte Velen seine Macht gebührend demonstrieren. Beim Bau spielte der bekannte Barockbaumeister Schlaun wahrscheinlich eine beratende Rolle. Aus der Anfangszeit von Altenkamp sind die herrlichen Rokokofresken im Entrée erhalten. Nach einer umfassenden Renovierung durch die Stadt Papenburg steht der Herrensitz nun für hochkarätige Ausstellungen der Stiftung Preußischer Kulturbesitz zur Verfügung. In den Sommermonaten werden so in Altenkamp viele Besucher angelockt. Ein Café im Kellergewölbe und draußen im Park runden das Vergnügen ab. Das Herrenhaus ist ein Highlight.

Vom Gutshaus fahren wir zurück zum **Bahnhof** in Aschendorf ①.

33,8 km

Schmucke Fehnkanäle, barocker Glanz und bewaldete Geestrücken

Papenburg – Surwold – Börger – Werpeloh – Sögel – Groß Stavern – Apeldorn – Meppen

Papenburg wird von einem 40 km langen Kanalsystem durchzogen, das einst der Entwässerung der Moore und dem Torftransport diente. Für Radler sind die Kanalwege heute ein Leckerbissen. Entlang der schmucken Kanäle mit ihren Zugbrücken liegen die wichtigsten Sehenswürdigkeiten der Stadt, die 1631 als erste Fehnkolonie Deutschlands vom emsländischen Drosten Dietrich von Velen gegründet wurde. Einen großen Kontrast bieten die bewaldeten Geestrücken des Hümmlings. Hier treffen wir auf Großsteingräber und die Perle des Emslandes, das barocke Jagdschloss Clemenswerth in Sögel. Am Ende der Tour erreichen wir in Meppen wieder die Ems und lassen den Tag in der reizvollen Altstadt ausklingen.

Schloss Clemenswerth, Sögel

Schifffahrts-Freilichtmuseum, Hauptkanal Papenburg

Start:	Bahnhof Papenburg
Ziel:	Bahnhof Meppen (Rückkehr mit den stündlich verkehrenden Regionalzügen)
Streckenlänge:	65,3 km
Sehenswürdigkeiten:	Papenburg: Zeitspeicher, Hafenrundfahrten, Heimatmuseum, Schifffahrts-Freilichtmuseum, Dokumentations- und Informationszentrum (DIZ) Emslandlager, Von-Velen-Anlage; Erholungsgebiet »Surwolds Wald«; Batak-Haus Werpeloh; Schloss Clemenswerth Sögel; mehrere Großsteingräber (Börger, Bruneforth, Apeldorn); Meppen: Schlagbrückener See, Herrenmühle, Altstadt
Wegbeschaffenheit:	Gut ausgebaute Radwege oder verkehrsarme Straßen, wenige flache Steigungen
Wegweisung:	Emsland-Route (ELR)
Information:	Papenburg Tourismus GmbH, Ölmühlenweg, 26871 Papenburg, Tel. (04961) 839 60, E-Mail: info@papenburg-tourismus.de, Internet: www.papenburg-tourismus.de; Gemeinde Surwold, Hauptstraße 75, 26903 Surwold, Tel. (04965) 913 10, E-Mail: info@surwold.de, Internet: www.surwold.de; Tourist-Information Sögel, Schlaunallee 1, 49751 Sögel, Tel. (05952) 968 09 90, E-Mail: tourist-info.soegel@t-online.de, Internet: www.soegel.de; Tourist Information Meppen (TIM) e.V., Markt 4, 49716 Meppen, Tel. (05931) 15 31 06, E-Mail: tim@meppen.de, Internet: www.meppen.de
Verknüpfungen:	In Surwold Anschluss an Tour 11 und in Meppen an Tour 5. Zusammen mit Tour 7 lässt sich die Route zu einer 2-Tages-Rundfahrt erweitern. Vom Hauptkanal rechts 4,7 km über Friederikenstraße nach Aschendorf, s. Tour 9.

Die Tour auf einen Blick

Nr.	km	Beschreibung
1		Vom **Bahnhof Papenburg** geradeaus in *Bahnhofstr*. Nach 250 m vor Forum Alte Werft über kl. Zugbrücke. Li. (*Hauptkanal rechts*), am
2	0,5	**Heimatmuseum** vorbei geradeaus bis
3	1,4	**Rathaus** und Touristeninformation auf **Brigg Friederike**. 700 m geradeaus weiter, dann li. (*Wiek links*) bis
4	2,6	**Bockwindmühle** und **Dokumentations- und Informationszentrum (DIZ) Emslandlager**. Am Straßenende re. und 1,9 km über *Mittelkanal links* bis *Erste Wiek*. Geradeaus bis

5	5,4	**Alter Turm** und **St.-Michaelis-Kirche**. Links vom *Splittingkanal* vorbei am
6	6,0	**Freilichtmuseum Von-Velen-Anlage**. Nun 7,5 km geradeaus am *Splittingkanal* bis Straßenende in **Surwold-Börgermoor**. Dort re. und wieder li. auf *Papenburger Str.* über **Küstenkanal** und B 401. Sofort li. und wieder re. auf
7	14,0	**Schleusenstr.** und rund 4 km geradeaus. Geradeaus an Kreisverkehr in **Surwold-Börgerwald**, nach 450 m re. in *Waldstr.* Bergan zum
8	18,9	**Aussichtsturm** im **Erholungsgebiet „Surwolds Wald"**. Li. Waldweg hinunter, an erster Kreuzung schräg re., Radpfeil folgen und über Landstraße geradeaus auf gepflasterten Feldweg. Nach 800 m halblinks und nach 700 m schräg re. Nach 1 km an Schutzhütte li. und nach 1,7 km Abzweig zum
9	23,5	**Wacholderhain**. Nach 1,6 km an Ortseingang **Börger** re. vorbei an
10	25,2	**JH und Großsteingrab** *Am Hünenstein* bis Sögeler Str. Re. und geradeaus Richtung Werpeloh. In Ortsmitte **Werpeloh** li. *Zum Windberg* und sofort re. zum
11	30,4	**Batak-Haus**. Hinter dem Haus re., an *Hauptstr.* li. bis nach **Sögel** hinein. An
12	34,3	**Hümmlinger Teestuben** re. und an Ampel li. in *Clemens-August-Str.* Nach 100 m li. am **Touristenbüro** durch *Schlaunallee* bis
13	35,5	**Schloss Clemenswerth**. Wieder zurück über *Schlaunallee* und *Clemens-August-Str.* An Ampel li. und nach 300 m li. durch kl. Gasse (*Johann-Bernhard-Hensen-Weg*) zum
14	36,8	**Heimathof**. Dort re., wieder re. und an Feuerwehr li. An **Ludmillenhof** re. auf *Berßener Str.* und nach 100 m li. in *Sprakeler Str.* 3,6 km geradeaus an
15	40,8	**Gut Sprakelerwald** vorbei. An Schutzhütte ELR li. nach **Groß Stavern**. Nach 3,5 km an Kirche in Groß Stavern geradeaus in *Mühlenstr.* und nach 1,6 km li. zur
16	47,2	**Wassermühle Bruneforth**. Zurück zur Kreuzung und über *Berßener Str.* geradeaus, an **Großsteingrab** vorbei. Am Straßenende li. nach **Klein Stavern**. Auf Kreisstr. geradeaus und vor **Apeldorn** schräg re. auf Landstraße. Hinter Apeldorner Kirche li. in *Loher Str.* und nach 250 m schräg re. Am Straßenende re. An Landstraße li., vorbei am
17	54,6	**Großsteingrab Apeldorn**. Nach 1 km re. (*Raddefeld*). Weg biegt hinter Gasstation li. ab. Nach 3,2 km über
18	60,6	**Bahnübergang** und geradeaus nach **Meppen**. An Kreuzung mit **B 402** re. auf Radweg, über Nordradde-Brücke und re. nach unten auf Parkplatz am
19	62,8	**Schlagbrückener See**. Li. über *Schlagbrückener Weg* zur **Herrenmühle**. Li. über Gelände gehen, zur Sraße zurück, dann weiter zur *Haselünner Str.* Re. und 800 m bis Ringkreuzung. Re. unter Bahn hinweg (*Herzog-Arenberg-Str.*), an Ampel li., vor Polizei li. in *Bahnhofstr.* und zum
20	65,3	**Bahnhof Meppen**.

Routenführung
besondere Sehenswürdigkeit, siehe Text
Orientierungspunkt, siehe Text
0 1 2 3 km
Start
PAPENBURG
Aschendorf
Verbindung zu Tour 9
Tour 7
Tour 9
Tour 11
Wildes Moor
Neulehe
Heede (Ems)
Dörpen
Neudörpen
Neubörger
Surwold
Börgerwald
Wippingen
Renkenberge
Lathen
Sustrum
Fresenburg
Batak Haus
Werpeloh
Transrapid-Besucherzentrum

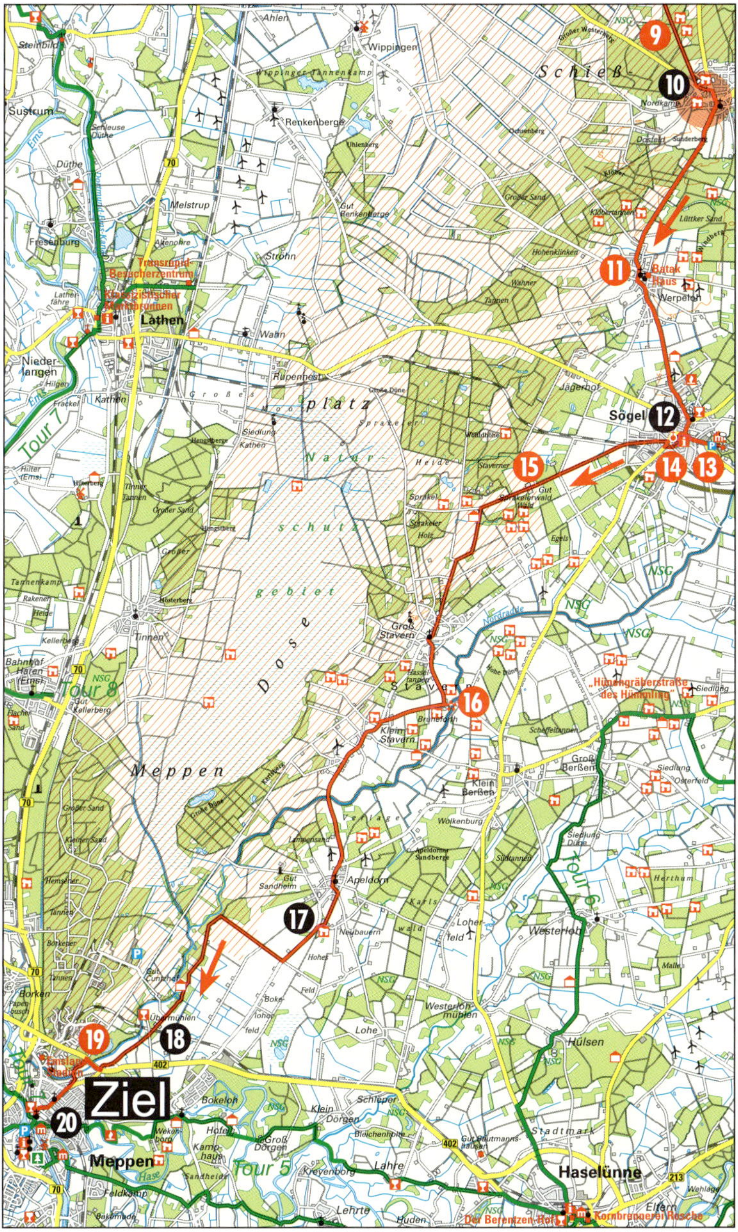
Ahlen
Wippingen
Steinbild
Sustrum
Renkenberge
Schieß-
Nordkamp
Düthe
Melstrup
Fresenburg
Strohn
Transrapid-Besucherzentrum
Klassizistischer Marktbrunnen
Lathen
Wahn
Batak Haus
Werpeloh
Nieder-langen
Kathen
Rupennest
Jägerhof
Sögel
platz
Natur-
schutz
gebiet
Dose
Meppen
Tinnen
Groß Stavern
Klein Stavern
Bruneforth
„Hünengräberstraße des Hümmling“
Groß Berßen
Klein Berßen
Wolkenburg
Apeldorn
Neubauern
Westerloh
Westerloh-mühlen
Lohe
Hülsen
Borken
Emsland Stadion
Ziel
Bokeloh
Klein Dörgen
Groß Dörgen
Meppen
Haselünne
Kreyenborg
Lahre
Lehrte
Huden
Der Berentzen-Hof
Kornbrennerei Rosche
Feldkamp
Tour 5
Tour 6
Tour 7
Tour 8
70
402
213
9
10
11
12
13
14
15
16
17
18
19
20

Vom **Bahnhof Papenburg** ❶ fahren wir geradeaus in die *Bahnhofstraße*, überqueren den *Hauptkanal* am **Forum Alte Werft** an der ersten Zugbrücke und fahren links weiter zum **Heimatmuseum** ❷. 0,5 km

Das sehr interessante **Museum** (Di-So 14-17.30 Uhr) ist im ältesten Gebäude Papenburgs untergebracht, der Alten Drostei aus dem 17. Jh. Schiffsmodelle, alte Fotos und vieles mehr zeichnen den Weg von Deutschlands ältester Fehnkolonie zur modernen Stadt nach. Stadtgründer Dietrich von Velen und seine Nachfolger versuchten mit großzügigen Angeboten erfolgreich, Siedler ins Moor zu locken. Ebenfalls einen Rundgang durch Papenburgs Geschichte bietet der benachbarte **Zeitspeicher** im Ölmühlenweg an. Dort findet sich auch eine Filiale der Touristeninformation (tgl. 9-18 Uhr). Das **Forum Alte Werft** hat die ehemaligen Gebäude der Meyer-Werft übernommen, die 1976 an ihren neuen Standort an der Ems umgezogen ist (s. Tour 7, S. 93 f.). Für die immer größer werdenden Schiffe war der alte Standort für Papenburgs letzte Werft zu ungünstig geworden. Die alten Werkhallen sind heute ein Kulturzentrum und ein Hotel. Vom Hafenkai starten die informativen **Hafenrundfahrten**. Das derzeit brachliegende Areal zwischen Heimatmuseum und Zeitspeicher soll in den kommenden Jahren mit dem ehrgeizigen Projekt Turmkanal komplett umgestaltet werden. Einst prägten Werften das Bild Papenburgs. So steht die ev. Nikolaikirche etwas weiter am Hauptkanal auf einem ehemaligen Werftgelände. Nicht versäumen sollte man, die am Wege liegende **Meyers Mühle** (1888) sowie die Schiffe des Freilichtmuseums anzuschauen. Zahlreiche Cafés und Restaurants laden zu einem Zwischenstopp ein.

Brigg Friederike, Detail

Wir rollen am *Hauptkanal* weiter bis zum **Rathaus** ❸ und der **Brigg Friederike**. 1,4 km

Auf der **Brigg** residiert die Touristeninformation. Von hier starten auch die Besichtigungen der Meyer-Werft. Das wuchtige **Rathaus** (1913) dokumentiert das Selbstbewusstsein der Papenburger. Auf der gegenüberliegenden Kanalseite erhebt sich die **St.-Antonius-Kirche**. Der 1873-77 entstandene neogotische Bau wurde nach Plänen von Alexander Behnes errichtet.

Nun radeln wir weiter geradeaus, biegen nach 700 m an einer Ampel links ab und fahren links vom Kanal *Wiek* zur **Bockwindmühle** und zum **DIZ** ❹. 2,6 km

Die **Bockwindmühle** stammt ursprünglich aus Niederlangen bei Lathen und wurde 1965 nach Papenburg gebracht. Sie ist die letzte ihrer Art im Ems-

Brigg Friederike und Rathaus Papenburg

Freilichtmuseum Von-Velen-Anlage, Papenburg-Obenende

land. Auf der gegenüberliegenden Kanalseite ist das **Dokumentations- und Informationszentrum (DIZ) Emslandlager** untergebracht. Zwischen 1933 und 1945 quälten und töteten die Nazis Zehntausende politische Gegner aus Deutschland und Westeuropa, darunter den Friedensnobelpreisträger Carl von Ossietzky, sowie Kriegsgefangene in den insgesamt 15 Lagern im Emsland. Verwaltet wurde der Terrorapparat in Papenburg. Das DIZ informiert mit einer bemerkenswerten Ausstellung über diese Emslandlager (Di-Fr, So 10-17 Uhr).

Am Ende des Kanals biegen wir rechts ab und folgen dem *Mittelkanal* auf der linken Seite bis zum Stadtteil **Obenende**. Hinter der *Ersten Wiek*
5,4 km geht es geradeaus zum **Alten Turm** und zur **St.-Michaelis-Kirche** ❺.

Der **Alte Turm** ist das Wahrzeichen von Obenende. Er wurde 1848 nach dem Vorbild des Leuchtturms von Riga errichtet und ist heute eine Kriegsgedenkstätte. Die monumentale **Kirche** ist ein Werk des »Dombauers« Wilhelm Sunder-Plaßmann (1909-11).

6,0 km Weiter geradeaus liegt am *Splittingkanal* das **Freilichtmuseum Von-Velen-Anlage** ❻.

Das Leben der Moorkolonisten war alles andere als leicht. Das Sprichwort »dem ersten der Tod, dem zweiten die Not, dem dritten das Brot« versteht man sofort, wenn man die ärmlichen Moorkaten gesehen hat, die im **Freilichtmuseum** ausgestellt sind. Ganz anders sah da schon die Welt im gegenüberliegenden Papenbörger Hus aus, das einem Kapitän gehörte. Ein besonderer Tipp: Probieren Sie auch die schmackhaften traditionellen Buchweizen-Pfannenkuchen, die das Café anbietet. Vom Museum aus werden sogar kleine Bootstouren über die stillen Seitenkanäle angeboten – die Von-Velen-Anlage ist ein Muss! (April-Okt. tgl. 9-18 Uhr).

Es geht am *Splittingkanal* 7,5 km weiter geradeaus. Am Straßenende in **Surwold-Börgermoor** halten wir uns rechts und überqueren links auf der *Papenburger Straße* den **Küstenkanal** und die B 401. Nach 150 m radeln wir an der Alten Schleuse links und folgen sofort rechts über die **Schleusenstraße** 7 dem Kanal bis **Surwold-Börgerwald**. Am Kreisverkehr vor der Kirche halten wir uns geradeaus, biegen in der Serpentine nach rechts in die *Waldstraße* und gelangen am **Aussichtsturm** 8 in das **Erholungsgebiet »Surwolds Wald«** (s. Tour 11, S. 134). Jetzt weiter links den Waldweg hinunter (ELR), an der Kreuzung im Wald halbrechts, wir überqueren die Landstraße geradeaus auf einen gepflasterten Feldweg und fahren nach 800 m halblinks in die Randbezirke des Schießplatzes Meppen. Nach 700 m führt der ELR schräg rechts und nach 1 km an einer Schutzhütte links. Hinter einer kleinen Anhöhe liegt nach 1,7 km rechts der Zugang zum **Wacholderhain** 9 von Börger. (23,5 km)

14,0 km

18,9 km

Ein ausgeschilderter Waldweg führt nach 400 m zum 13 ha großen naturgeschützten **Wacholderhain**. Blüht im Spätsommer die Heide, ergibt sich das romantische Bild, welches einst die Landschaft des Hümmlings prägte. Hinter dem Hain führt ein Wanderweg links zum reetgedeckten Schafstall, ebenfalls ein stimmungsvolles Symbol vergangener Tage. Der Abstecher lohnt sich auf jeden Fall.

Geradeaus erreichen wir **Börger** und radeln rechts an der **JH** und dem **Großsteingrab »Steenhus«** 10 vorbei *Am Hünenstein*. (25,2 km) Wir biegen rechts auf die *Sögeler Straße* ab, fahren durch den Ort und geradeaus weiter durch den welligen Hümmling bis nach **Werpeloh**. An der Hauptkreuzung fahren wir nach links *Zum Windberg* und dann sofort rechts durch einen kleinen Park zum exotischen **Batak-Haus** 11. (30,4 km)

Alter Turm, Papenburg-Obenende

Schloss Clemenswerth, Klostergarten

Ein Hauch von Sumatra erreichte Werpeloh 1978, als das traditionelle **Batak-Haus** an den beiden Kirchen errichtet wurde. Das reich verzierte Holzhaus steht auf Stelzen und ist im weiten Umkreis eine echte Besonderheit.

34,3 km Nun rechts zur *Hauptstraße* zurück, links abbiegen und geradeaus bis nach **Sögel** fahren. An der reetgedeckten Gaststätte **Hümmlinger Teestuben** ⓬, die einen schönen Biergarten hat, biegen wir rechts in die *Sigiltrastraße*. An der Ampelkreuzung geht es nach links und nach 100 m an der Touristeninformation wieder links auf die *Schlaunallee*, die geradeaus zum
35,5 km **Jagdschloss Clemenswerth** ⓭ führt.

Das **barocke Jagdschloss** ist die Perle unter den Herrensitzen im Emsland. Die wunderbare Anlage wurde 1737-47 im Auftrag des Fürstbischofs von Münster und Kurfürsten von Köln, Clemens August, als Jagdstern angelegt. Sie ist die einzige derartige in Europa erhaltene Anlage. Rund um den zweigeschössigen Zentralpavillon gruppierte der münstersche Architekt Johann Conrad Schlaun acht kleinere Pavillons, darunter eine Kapelle für das Kapuzinerkloster. Zwischen den Pavillons führen Alleen vom zentralen Platz sternförmig in den großräumig angelegten Park. Der Wittelsbacher Clemens August (1700-61) sammelte eifrig Bischofssitze und so zieren fünf Pavillons die Namen seiner Bistümer Münster, „Coellen", Hildesheim, Paderborn und Osnabrück. Als Hochmeister des Deutschen Ordens gibt es das Haus Mergentheim. Ganz bescheiden benannte Cle-

Batak-Haus, Werpeloh

Heimathof Sögel

mens August einen Pavillon und die gesamte Anlage nach sich selbst (Clemenswerth = »Insel des Clemens«). Prunkstück der Anlage ist der Zentralpavillon, ein Meisterwerk Schlauns. Hervorzuheben sind das Treppenhaus und der prachtvolle Rundsaal mit Marmorboden. Vom zentralen Stern im Rundsaal schaut man nur in die grünen Alleen, die Pavillons sind durch ihre geschickte optische Anordnung nicht zu sehen. Im Rundsaal lud der Fürstbischof Gäste während seiner Jagden zu Tisch, denn die gesamte Anlage diente ausschließlich dem Jagdvergnügen. Bis zu 200 Gäste wohnten in den Pavillons, wenn der gesamte Hofstaat für bis zu sechs Wochen auf den Hümmling umzog. Auf den Teichen ließ der Bischof sogar eine Lustbarkasse schippern – der verschwenderische Absolutismus hatte seine Hochzeit erreicht. 1803 kam das Jagdschloss an die Herzöge von Arenberg. Seit 1977 gehört das barocke Jagdschloss dem Landkreis Emsland, der die Pavillons zu einem abwechslungsreichen Museum umgestaltete. Der Park wird nach barocken Vorlagen „renoviert", auch die Schlosskapelle leuchtet wieder in barockem Glanz. Der Schlosskeller sorgt für das leibliche Wohl der Gäste (Di-So 10-18 Uhr, Zentralpavillon nur mit Führungen, Restaurant auch abends).

Nun zurück zur Ampelkreuzung in der Ortsmitte, wir biegen links ab und radeln dann nach 300 m auf einen kleinen Rad-Fußweg (*Johann-*
36,8 km *Bernhard-Hensen-Weg*) nach links zum Heimathof **14**.

Der Heimathof liegt etwas versteckt in malerischer Umgebung an einem Teich. Das Haupthaus von 1807 sowie ein Backhaus und weitere Gebäude setzen einen kleinen, aber feinen Kontrapunkt zur Welt des Fürstbischofs.

Gartenfest auf Schloss Clemenswerth

Wir verlassen die Anlage über den rechtsseitigen Pfad, fahren rechts auf die Straße, an der Feuerwehr dann sofort wieder links und vor dem **Ludmillenhof**, einem klassizistischen Verwaltungshaus der Herzöge von Arenberg (1829-31), rechts auf die *Berßener Straße*. Nach 100 m geht es
40,8 km links auf die *Sprakeler Straße* und dann 3,6 km geradeaus zum **Gut Sprakelerwald** ⓯ am Rande des Schießplatzes Meppen.

Der **Gutshof** entstand vor rund 100 Jahren als Teil der Kruppschen Verwaltung des riesigen Schießplatzes. Die insgesamt sieben Höfe bearbeiteten den Schießplatz landwirtschaftlich und versorgten die werkseigenen Konsumläden in Essen mit Nahrungsmitteln.

Nach 1,2 km geht es an einer Schutzhütte links nach **Groß Stavern**. Dort radeln wir an der Kirche geradeaus durch die *Mühlenstraße* und biegen
47,2 km nach 1,6 km am Straßenende links ab zur **Wassermühle Bruneforth** ⓰.

Die **Wassermühle** am Ufer der Nordradde geht auf das Jahr 1545 zurück. Sie war bis 1971 in Betrieb. Am malerischen Mühlenkolk befindet sich ein Picknick- und Grillplatz, der zu einer ausgiebigen Rast einlädt. 250 m entfernt liegt das **Großsteingrab Bruneforth**. Damit erreichen wir die westlichen Ausläufer der Hünengräberstraße des Hümmlings (s. Tour 6, S. 78).

Wir radeln zurück, an der Kreuzung geradeaus, passieren das **Großsteingrab** und biegen nach 1,5 km in der Siedlung links ab nach **Klein Stavern**, dann geradeaus weiter über die Nordradde bis nach **Apeldorn**. Kurz vor dem Ort halten wir uns rechts und sind auf der Landstraße nach **Meppen**. Der Weg führt an der Kirche vorbei und wir folgen dem ELR nach links in die *Loher Straße*. Nach 250 m geht es schräg rechts in die nächste Siedlung. Dort radeln wir wieder rechts und an der Landstraße links, vorbei am verhältnis-
54,6 km mäßig kleinen **Großsteingrab Apeldorn** ⓱. Nach 1 km knickt der ELR nach Meppen rechts ab (*Raddefeld*). Hinter einer Gasstation macht die Straße einen Linksknick und führt durch Wälder zu einem **Bahnübergang** ⓲. (60,6 km) Rechts liegt nach 350 m das **Café Übermühlen**. Geradeaus biegen wir am Stadtrand von **Meppen** rechts auf die **B 402**. Wir folgen dem Radweg hinter der Nordradde nach unten zum **Schlagbrückener See** ⓳. (62,8 km) Wir fahren links über den Schlagbrückener Weg unter der B 402 hindurch bis zur **Herrenmühle**.

Schlagbrückener See

Wassermühle Bruneforth

Der malerische **Waldsee** entstand, weil für die Anlegung der B 402 Füllmaterial benötigt wurde. Er ist sehr sauber und verfügt über einen Badestrand – ein Geheimtipp! Die **Herrenmühle** geht auf Fürstbischof Clemens August (1732) zurück. Es gab eine Korn-, Säge- und Ölmühle, die sich das Wasser der Nordradde zunutze machte. Die Mühle dient heute unter der Ägide des Heimatvereins als kultureller Veranstaltungsort. Links führt ein Pfad zur Mühlenbrücke und an den historischen Gebäuden vorbei.

Zurück am *Schlagbrückener Weg* geht es links weiter zur *Haselünner Straße*, dort rechts und nach 800 m halbrechts auf den Ring, unter der Bahn hinweg, an der Ampel links (geradeaus geht es in die Altstadt, s. Tour 3, S. 48 f.), vor der Polizei wieder links in die *Bahnhofstraße* bis zum **Bahnhof Meppen** ⑳. 65,3 km

Im Land der Torfstecher

Esterwegen – Bockhorst – Burlage – Surwold – Esterwegen

»O schaurig ist's übers Moor zu gehen«, dichtete Annette von Droste-Hülshoff. Das Leben der ersten Moorsiedler war hart, doch inzwischen gibt es leider kaum noch intakte Hochmoore. Einen sehr guten Einblick in die verbliebene Welt der Moore bieten die Moorerlebnispfade bei Esterwegen. Zweimal überschreiten wir auf der Radtour die Grenze zwischen flacher Marsch und hügeliger Geest und unternehmen dabei einen kurzen Abstecher nach Ostfriesland. In dieser abgelegenen Region quälten die Nazis nach 1933 Tausende Regimegegner und Kriegsgefangene. Mehrere Gedenkorte erinnern an die Opfer des Terrors.

Start/Ziel:	Touristeninformation Esterwegen (alternativ: Aussichtsturm in »Surwolds Wald«)
Streckenlänge:	36,7 km; Abstecher KZ-Friedhof Esterwegen: hin und zurück 2,4 km
Sehenswürdigkeiten:	Esterwegen: Hochmoor-Ausstellung, Moorerlebnis-Pfad Süd+Nord, KZ-Gedenkstätte Esterwegen; Windmühle Burlage; Surwold: Freizeitsee, Erholungsgebiet »Surwolds Wald«
Wegbeschaffenheit:	Gute Radwege oder verkehrsarme Straßen
Wegweisung:	Emsland-Route (ELR), Moorerlebnisroute, z. T. keine Wegweisung
Information:	Gemeinde Esterwegen, Info-Zentrum, Dorfplatz 2, 26897 Esterwegen, Tel. (05955) 90 23 78, E-Mail: info@nordhuemmling.de, Internet: www.esterwegen.de; Gemeinde Surwold, Hauptstraße 75, 26903 Surwold, Tel. (04965) 913 10, E-Mail: info@surwold.de, Internet: www.surwold.de
Verknüpfungen:	In Surwold Anschluss an Tour 10.

Windmühle Burlage

Die Tour auf einen Blick

Nr.	km	Beschreibung
1		Vom **Info-Zentrum Esterwegen** re. über *Dorfplatz*, hinter ev. Kirche re. am Seniorenzentrum vorbei und li. (*Clemenswerth*) abbiegen. Nach 1,7 km li. in *Hinterm Busch* und nach 500 m re. zum ehemaligen
2	2,8	**KZ Esterwegen** und 200 m dahinter **Moorerlebnispfad Süd**. Geradeaus, am Straßenende li. über **Küstenkanal**. Hinter **B 401** beginnt
3	4,1	**Moorerlebnispfad Nord**. Li. 4,2 km über *B 401* bis
4	8,3	**Abzweig** re. nach Bockhorst.
5		(Hier Abstecher zum **KZ-Friedhof Esterwegen**.) Re. und 5,1 km geradeaus durch **Bockhorst** bis
6	13,4	**Burlager Mühle**. 400 m an *Landesstr.* zurück, re. *Alter Brunsel*, am gleichnamigen **Café** vorbei und nach 650 m li. in *Jakobstr*. Nach 900 m re. in *Lagerstr*. (später: *Im Eichengrund*). Am Straßenende li. und sofort re. (weiter: *Im Eichengrund*) bis
7	18,9	**Gedenkstätte Lager Börgermoor**. Nach 600 m hinter Kanal re. auf *B 401* und nach 1,1 km li. in *Bohlenweg*. Sofort re. in *Pastorenweg* am
8	21,5	**Surwolder Freizeitsee** vorbei. Vor Kanal li. in *Schleusenstr*. und rund 4 km geradeaus. An Kreisverkehr in **Surwold-Börgerwald** geradeaus, nach 450 m re. in *Waldstr*. zum
9	26,8	**Aussichtsturm in »Surwolds Wald«.** Zurück über *Waldstr*. zur *Börgerstr*. Dort li. und nach 100 m re. über Radweg an Sportplatz und Friedhof vorbei *Am Friedhof* geradeaus. Am Straßenende li. in *Bergstr*. und re. in
10	28,7	**Esterweger Str**. Nach 5,6 km am Ortseingang **Esterwegen** li. (*Mühlenberg*, später: *Poststr*.). 2 km geradeaus, dann li. in *Hauptstr*. Hinter **Kirche** re. in *Waldstr*. und re. zum
1	36,7	**Info-Zentrum Esterwegen**.

Die **Touristeninformation Esterwegen** (1) unterhält eine kleine, aber sehenswerte Ausstellung über die Entstehung sowie Fauna und Flora der Hochmoore.

Vom **Info-Zentrum** geht es rechts über den *Dorfplatz*, hinter der ev. Kirche rechts am Seniorenzentrum vorbei, links auf die Straße *Clemenswerth*, nach 1,7 km hinter dem Esterweger Busch links ab (*Hinterm Busch*) und nach 500 m wieder rechts. Zur Linken liegt das Gelände des **ehemaligen KZs Esterwegen** (2) und 200 m weiter beginnt der **Moorerlebnispfad Süd**.

2,8 km

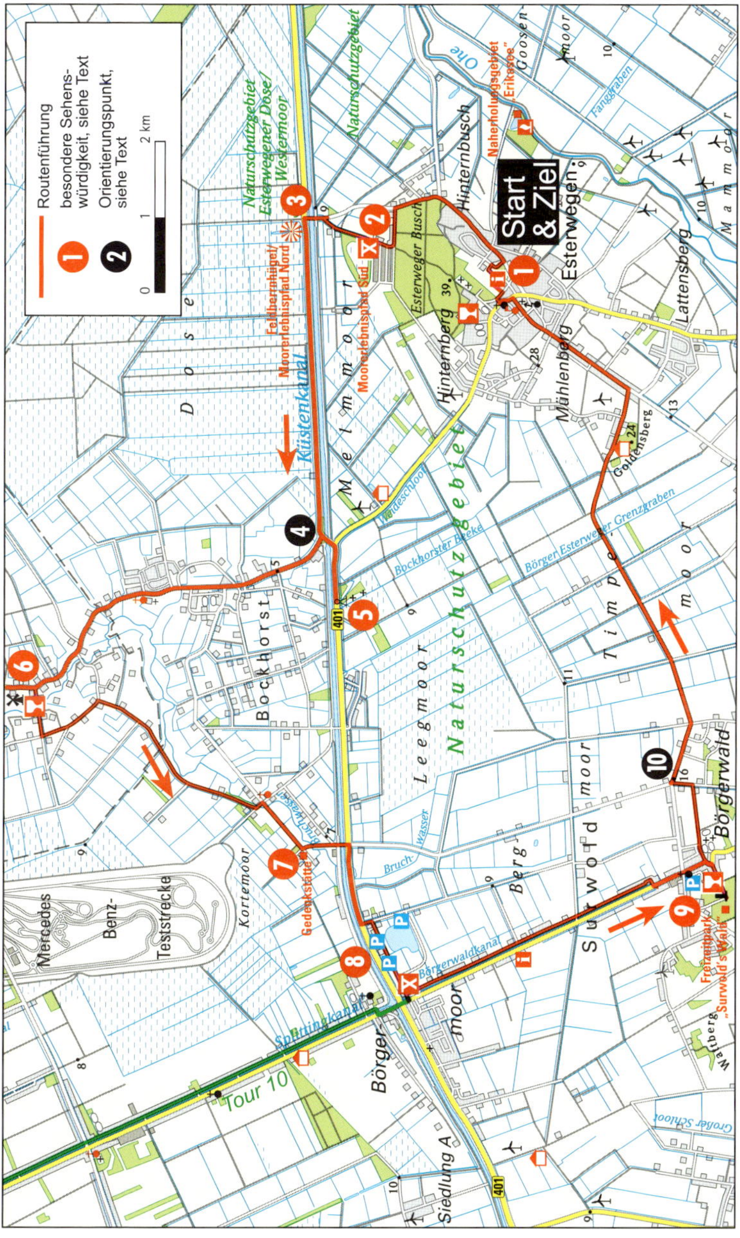
Routenführung
besondere Sehenswürdigkeit, siehe Text
Orientierungspunkt, siehe Text
0 1 2 km
Start & Ziel
Esterwegen
Esterweger Busch
Hinternbusch
Hinternberg
Mühlenberg
Lattensberg
Goldensberg
Naherholungsgebiet „Erikasee"
Ohe
Fanggraben
Naturschutzgebiet Esterweger Dose/ Westermoor
Naturschutzgebiet
Moorerlebnispfad Süd
Küstenkanal
M e l m m o o r
D o s e
Bockhorst
Bockhorster Beeke
Börger Esterweger Grenzgraben
Leegmoor
Naturschutzgebiet
T i m p e m o o r
Surwold moor
Berg
Börgerwald
Börgerwaldkanal
Bruchwasser
Freizeitpark „Surwold's Wald"
Waltberg
Großer Schloot
Gedenkstätte
Kortemoor
Mercedes-Benz-Teststrecke
Börger
moor
Splittingkanal
Tour 10
Siedlung A
401

Bereits im Sommer 1933 richteten die Nazis das **KZ Esterwegen** ein, da das Esterweger Moor damals noch eine trostlose und abgelegene Gegend war. Die Gefangenen mussten unter unmenschlichen Bedingungen schwerste Arbeiten im Moor verrichten und wurden von den Wachen ständig schikaniert. Der bekannteste Gefangene war der Publizist Carl von Ossietzky, der 1933-36 in Esterwegen war und 1938 an den Folgen seiner Haft starb. 1936 war ihm der Friedensnobelpreis zuerkannt worden, den er jedoch nicht persönlich entgegennehmen durfte. Im selben Jahr wurde das Lager offiziell dem Justizministerium unterstellt, am Lagerterror änderte dies aber nichts. Der Landkreis Emsland will hier in naher Zukunft eine zentrale Gedenkstätte für die Opfer der Emslandlager einrichten.
Eine ganz andere Welt betreten wir nebenan auf dem **Moorerlebnispfad Süd**. Auf einem Holzbohlenweg schreiten wir über das Moor und genießen den Ausblick in das sehenswerte Naturschutzgebiet. Der Lehrpfad bietet zahlreiche Zusatzinfos. Der Fußweg über den stimmungsvollen Pfad lohnt sich sehr.

Wir radeln weiter geradeaus bis zum Ende der Straße und überqueren links den **Küstenkanal** und die **B 401**. Hier beginnt der **Moorerlebnis-**
4,1 km **pfad Nord** ❸ in der **Esterweger Dose**.

Vor uns breitet sich das endlose Moor der **Esterweger Dose** aus. Mit rund 5000 Hektar Fläche ist dies das größte noch zusammenhängende Hochmoor Deutschlands. Auf einem Teil der Fläche wird weiter Torfabbau betrieben, während andere Bereiche bereits wiedervernässt werden. Die Entstehung der Hochmoore begann vor 8000 Jahren. Weil die Torfschicht jedes Jahr nur um einen Millimeter wächst, ist das Ökosystem Hochmoor sehr anfällig. Deshalb wird der Renaturierung von Hochmoorflächen große Aufmerksamkeit geschenkt, um diese einmalige Landschaftsform in Norddeutschland zu erhalten. Über den Wanderweg des **Moorerlebnispfades Nord** können wir zum Feldherrenhügel gehen: Kein Baum, kein Strauch wächst in dieser kargen »Einöde«, nur das Wollgras und das Torfmoos fühlen sich hier heimisch.

Weiter jetzt nach links (Richtung Westen) über den Radweg an der *B 401*. Einige Torfverarbeitungswerke liegen an unserem Weg. Nach 4,2
8,3 km km erreichen wir den **Abzweig** ❹ nach **Bockhorst**, dem wir rechts folgen. An der Kreuzung beginnt auch der Abstecher zum **KZ-Friedhof Esterwegen**
13,4 km ❺. Wir radeln 5,1 km geradeaus bis zur **Burlager Mühle** ❻.

In **Burlage** haben wir bereits Ostfriesland erreicht. Die **Mühle** ist ein Wallholländer von 1824 und beherbergt ein kleines Museum mit Alltagsgegenständen vergangener Zeiten und naturkundlichen Exponaten. Die ursprüngliche Mühle war 1935 abgebrannt, wurde aber 1989-95 liebevoll restauriert. Mit

Moorerlebnispfad Süd

Kaffee und Kuchen kann man sich im nahegelegenen **Kulturzentrum Alter Brunsel** stärken (s. u.).

Die Route leitet uns 400 m über die *Landesstraße* zurück, dann rechts in *Alter Brunsel*, und vorbei am gleichnamigen **Café und Kulturzentrum**. Nach 650 m radeln wir links in die *Jakobstraße* und nach 900 m rechts in die *Lagerstraße*. Kurz darauf gelangen wir wieder ins Emsland. Am Straßenende geht es links und sofort wieder rechts bis zur **Gedenkstätte** für das **Lager Börgermoor** 7 an der Linkskurve. 18,9 km

Das **KZ Börgermoor** war im Juni 1933 das erste Emslandlager. Hier entstand auch das legendäre »Lied der Moorsoldaten«, welches die Trostlosigkeit des brutalen KZ-Alltags beschreibt (»Wo wir fern von jeder Freude hinter Stacheldraht verstaut«), aber auch die Hoffnung auf eine bessere Zukunft wachhält (»Doch für uns gibt es kein Klagen, ewig kann's nicht Winter sein«.)

Wir folgen der Landstraße, überqueren den **Kanal** und radeln rechts entlang der *B 401*. Nach 1,1 km geht es links in den *Bohlenweg* und sofort rechts in den *Pastorenweg*. Die Strecke führt nun am **Surwolder Freizeitsee** 8 vorbei. 21,5 km

Der bis zu 15 m tiefe **Freizeitsee** entstand 1996/97, weil man für die Mercedes-Teststrecke nördlich des Kanals große Sandmassen benötigte. Im flachen Bereich gibt es einen Badestrand, daneben auch einen Grillplatz. Den Plänen nach sollen auch ein Campingplatz sowie ein Surfstrand angelegt werden.

Am Ende der Straße zweigen wir links in die *Schleusenstraße* ab und
fahren 4 km geradeaus bis zum Kreisverkehr in **Surwold-Börgerwald**.
Dort halten wir uns geradeaus (*Börgerstraße*) und biegen nach 450 m in der
26,8 km Serpentine rechts ab in die Waldstraße zum **Aussichtsturm** ❾ im **Erho-
lungsgebiet »Surwolds Wald«**.

Vom 32 m hohen **Aussichtsturm** genießt man einen herrlichen Rundblick über den nördlichen Hümmling und die weite Ebene bis zur Meyer-Werft nach Papenburg. Nebenan befinden sich eine Sommerrodelbahn und ein Märchenwald für kleine Kinder. Das rechtsliegende Waldhotel lockt Groß und Klein mit seinem schönen Biergarten.

Wir fahren über die *Waldstraße* zurück, an der Serpentine links und
nach 100 m sofort rechts an dem Sportplatz vorbei. Dahinter führt der
Weg *Am Friedhof zur Bergstraße*. Dort links und dann wieder rechts in die
28,7 km **Esterweger Straße** ❿. Dieser folgen wir 5,6 km bis **Esterwegen-Mühlen-
berg**, biegen am Straßenende links ab (*Mühlenberg*, später: *Poststraße*) und
radeln bis in die Ortsmitte. Am Straßenende fahren wir links in die *Haupt-
straße*, an der **Kirche** vorbei, rechts in die *Waldstraße* und rechts zum **Info-**
36,7 km **Zentrum Esterwegen** ❶.

Die beste »Adresse«, um in Esterwegen einzukehren, ist das **Hotel Graf Balduin**, das wir von der Kirche über die Hauptstraße bergan erreichen. Nach 250 m geht es rechts zum Hotel-Restaurant, das für seine kreative und ausgesuchte Küche bekannt ist.

Abstecher zum KZ-Friedhof Esterwegen

Vom **Abzweig B 401 / Bockhorst** ❹ radeln wir 1,2 km geradeaus über die *B 401*, bis zum Eingang der **Gedenkstätte** ❺. Der Hinweg führt uns zurück zur **Kreuzung** ❹.

Rund 1300 Menschen wurden auf dem **KZ-Friedhof** beerdigt, darunter Regimegegner und westeuropäische Widerstandskämpfer. Eine Gedenkstätte auf dem Friedhofsgelände erinnert an die Nazi-Opfer. 1963 errichtete die DGB-Jugend zudem einen Gedenkstein für Carl von Ossietzky.

Moorerlebnispfad Süd, bei Esterwegen

Stille Hügellandschaften – der Hümmling

Werlte – Bockholte – Vrees – Rastdorf – Lorup – Spahnharrenstätte – Ostenwalde - Werlte

Einst war der Hümmling ein beliebtes Jagdrevier der Fürstbischöfe von Münster. Auch die Herzöge von Arenberg gingen hier auf die Pirsch. Heute lädt die leicht wellige Landschaft zu erholsamen Radtouren durch abwechslungsreiche Gegenden ein: Moore und Wälder wechseln sich mit landwirtschaftlich genutzten Flächen ab. Idyllisch ist der Dorfteich von Vrees, historisch sind die Großsteingräber und wunderbar restauriert die Kreutzmanns Mühle in Werlte. Diese abgelegene Region des Emslandes ist ein idealer Ort, um die Seele baumeln zu lassen.

Start/Ziel:	Bibelgarten Werlte
Streckenlänge:	46,4 km
Sehenswürdigkeiten:	Werlte: Bibelgarten, Kreutzmanns Mühle; mehrere Großsteingräber; Dorfteich Vrees; Naturschutzgebiete Dosenmoor und Theikenmeer
Wegbeschaffenheit:	Zumeist flach, mit einigen Anstiegen; gute ausgebaute Radwege, verkehrsarme Straßen, z. T. ungeteerte Feldwege
Wegweisung:	Emsland-Route (ELR), Geest-Radweg (GRW), z. T. lokale oder keine Wegweisung
Information:	Werlte Touristik, Marktstr. 1, 49757 Werlte, Tel. (05951) 20 10, E-Mail: info@werlte.de, Internet: www.werlte.de
Verknüpfungen:	Von Ostenwalde 4,7 km bis Schloss Clemenswerth in Sögel. Dort Anschluss an Tour 10.

Emslandroute bei Lorup

Original-Nachbau eines Hümmlinger Schafstalls
Ostermoor
18
19
Ohe
Freischloot
Sandhäuser
Lorup
Haßberg
41
Westerholt
Konigshook
7
34
24
Kavenberg
8
Harrenstätter Sand
42
Mittelfehnsand
Loruper Beeke
Klingenberg
32
Harrenstätter Heide
NSG
Herrenholz
Buschtanne
9
38
Harrenstätte
Spahnharrenstätte
39
Spahn
34
37
Spahner Südholz
Nordradde
Wehmer Graben
Dose
NSG
10
36
Börgerpark
Theikenmeer
25
Wehmer Heide
Ostenwalde
35
11
Verbindung zu Tour 10
Silbersee

Routenführung
besondere Sehenswürdigkeit, siehe Text
Orientierungspunkt, siehe Text
0
1
2 km
Loruper Beeke
Rittoehngraben
Rastdorf
Delschloot
Herzogs-
busch
Grenzen-
höhe
Dorfteich mit altem Backhaus
Vrees
Werlter Herren-tannen
Bockholter Herren-tannen
Lüttge Tannen
Einhaus
Bockholte
Varel
NSG Dosenmoor
Marka
Mittelradde
Werlte
Start & Ziel
Holthöhe
Lindern (Oldenburg)
Auen
Herrensand
Holthaus
Liener
Grenzgraben

Die Tour auf einen Blick

Nr.	km	Beschreibung
1		Vom **Bibelgarten** in **Werlte** über Parkplatz li. zur *Hauptstr*. Geradeaus in *Kirchstr*. bis **Kreutzmanns Mühle**. An Kreuzung re. über *Kirchstr*. und nach 400 m li. *Auf dem Hehm*. Nach 2,7 km re. (Rad-Schilder Bockholte, Vrees) und nach 400 m li. im Wald
2	4,1	**Großsteingrab „De hoogen Stainer"**. Weiter geradeaus und nach 700 m Landstraße überqueren. Über Schotterweg geradeaus zum Gut Einhaus und dort hinter letztem Haus li. über Feldweg nach
3	6,8	**Bockholte**. Li. *Bockholter Str*. und nach 2,1 km Radweg re. bis
4	10,1	**Aussichtsturm** am **Dosenmoor**. Weg nach li. (nach 300 m geteert) und geradeaus. An ersten Häusern schräg re. in *Dosenweg* und nach 900 m schräg re. über *Werlter Str*. bis
5	13,1	**Dorfteich Vrees**. Li. ELR in *Gehlenberger Weg*. 1,9 km geradeaus, dann schräg re., bei *Gehlenberger Weg 140* schräg li. Am Wegende li. auf ungeteerten Feldweg (500 m) und an Bauernhof re., an Grillplatz vorbei, an T-Kreuzung li. in *Birkenallee*. Nach 600 m re. bis
6	21,1	**Kreisverkehr** und Ortsmitte **Rastdorf**. Geradeaus (*Am Sportplatz*) und nach 900 m li. in *Nord-Süd-Str*. Nach 700 m re. auf Landstraße nach **Lorup**. Dort vorbei an
7	26,6	**Krulls Hus**. Nach 450 m ELR li. auf *Harrenstätter Str*. Nach 400 m schräg re. in *Sögeler Weg* und 3,2 km geradeaus in Wald (ungeteert) bis
8	30,7	**Kavenberg**. Geradeaus über Waldweg, nach 1 km li. über Landstraße bis **Spahnharrenstätte**. Dort re. in
9	34,3	**Nordstr**., nach 300 m re. in *Hauptstr*. und sofort li. *(Am Brink)*. 2,6 km geradeaus bis Zugang
10	38,2	**Theikenmeer**. Li. Pfad bis Beobachtungshütte. Zurück an Straße li., nach 400 m re. in *Meerweg* (ELR), am Ende li., hinter Bahn re. auf *Ostenwalder Str*. 300 m bis
11	40,0	**Großsteingrab Ostenwalde**. Über *Ostenwalder Str*. zurück und 6,2 km geradeaus nach **Werlte**. An **Kirche** re. in *Poststr*. und li. in *Meyerhof* zum
1	46,4	**Bibelgarten Werlte**.

Startpunkt ist der 2003 angelegte **Bibelgarten** 1 in **Werlte**. Die Pflanzenwelt der Bibel wird in diesem schönen Garten auf 1000 m^2 neu erschaffen: Gärten der Begegnung, der Wüste und der Schöpfung sind einige der thematisch geordneten Bereiche dieses botanischen Kleinods. Der Galerieholländer **Kreutzmanns Mühle** wurde nach seiner Zerstörung 1945 im Jahr 1995 vom Mühlenverein Werlte komplett restauriert. Ursprünglich war die Mühle eine Bockwindmühle , wurde aber 1807 umgebaut. Heute ist sie wieder funktionstüchtig.

Bibelgarten Werlte

Vom Parkplatz am **Bibelgarten** radeln wir links an der Postagentur vorbei, über die *Hauptstraße* hinweg in die *Kirchstraße* bis zur **Kreutzmanns Mühle** und dem Mühlen-Café. An der Kreuzung fahren wir rechts weiter über die *Kirchstraße* und nach 400 m links *Auf dem Hehm*. Nach 2,7 km geradeaus biegen ELR/GRW rechts ab. Nach weiteren 400 m liegt das **Großsteingrab »De hoogen Stainer«** **2** links hinter einem Picknickplatz 4,1 km
im Wald.

Das **Großsteingrab** ist mit 27 m Länge eines der größten im norddeutschen Raum und ein typischer Vertreter des emsländischen Kammergrabs mit Steinkranz, das wir in Ostenwalde noch genauer besichtigen können. Hier genießen wir die herrliche Ruhe in der waldigen Idylle (s. auch Tour 6, S. 78).

Großsteingrab »De hoogen Stainer«, bei Werlte

Die Route geht weiter über den Feldweg, dann überqueren wir die
Landstraße Werlte-Rastdorf, fahren geradeaus über einen Schotterweg
zum Gut Einhaus (wieder Teerweg) und biegen hinter dem letzten Gebäude
6,8 km links ab auf einen Weg aus zwei Betonspuren. Geradeaus erreichen wir **Bock-
holte** ❸, radeln nun links die *Bockholter Straße* entlang und nach 2,1 km
10,1 km rechts über ELR/GRW auf einen Schotterweg zum **Aussichtsturm am Dosen-
moor** ❹.

Auf 230 ha degenerierter Hochmoorfläche wird seit einigen Jahren die Renaturierung des **Dosenmoores** betrieben. Uferschnepfen, Rotschenkel und Bekassinen wissen das Vogelschutzgebiet zu schätzen, während der Schafstall auf die Weiß Gehörnten Heidschnucken und Moorschnucken verweist, die in dem geschützten Gelände weiden. Vom **Aussichtsturm** bietet sich ein wunderbarer Ausblick auf die Grenzregion von Hümmling und Oldenburger Münsterland.

Der Weg biegt links ab, ist bald geteert und am Ortseingang von **Vrees**,
dem »Dorf der 1000 Eichen«, halten wir uns halbrechts (*Dosenweg*)
13,1 km bis zur *Werlter Straße*. Dort rechts zum malerischen **Dorfteich** ❺ mit sei-
nem Backhaus. Dahinter geht der ELR links in den *Gehlenberger Weg* (Rich-
tung Rastdorf), dann 1,9 km geradeaus, an einer Kreuzung schräg rechts
und schräg links an Haus Nr. 140 vorbei. Am Wegende wird links für 500 m
auf einem ungeteerten Feldweg geradelt. Am ersten Bauernhof fahren wir
rechts, an einem Grillplatz vorbei, an der T-Kreuzung links in die *Birkenallee*
21,1 km und nach 600 m rechts zum **Kreisverkehr** ❻ in **Rastdorf**. Weiter geradeaus
(*Am Sportplatz*), am Straßenende links in die *Nord-Süd-Straße* und nach 700
m rechts auf die Landstraße nach **Lorup**. Dort liegt in der Ortsmitte rechts
26,6 km das Heimathaus **Krulls Hus** ❼. Nach 450 m zweigen wir links ab auf die
Harrenstätter Straße. Nach 400 m führt der ELR schräg rechts auf den *Söge-
ler Weg*, der bald zu einem Schotterweg wird, den Zaun einer Bundeswehr-
30,7 km anlage passiert und auf dem **Kavenberg** ❽ den höchsten Punkt erreicht.
Über den Waldweg erreichen wir die Landstraße und biegen links ab nach
34,3 km **Spahnharrenstätte**. Am Ortseingang geht es rechts in die **Nordstraße** ❾,
nach 300 m rechts in die *Hauptstraße* und sofort wieder links (*Am Brink*). An
der Feuerwehr vorbei nun geradeaus. Nach 2,6 km liegt links der Zugang
38,2 km zum **Theikenmeer** ❿.

Wir folgen dem Wegweiser in das **Naturschutzgebiet Theikenmeer** und gehen hinter dem Teich vor einer Baumreihe einen schmalen, undeutlichen Pfad nach rechts bis zu zwei Info-Tafeln und einer Beobachtungshütte. Von hier bietet sich ein unerwarteter Ausblick auf die verborgene Wasserfläche. Dieses Naturschutzgebiet wird vom Naturschutzbund NABU verwaltet und

Dorfteich Vrees

Naturschutzgebiet Theikenmeer

dient u. a. seltenen Vögeln als Rückzugsraum. Weitere Flächen des 250 ha großen Geländes werden wiedervernässt und von Birken »befreit«, indem man u. a. eine Schafherde die Wiesen abgrasen lässt. Interessanterweise gab es vor dem Ersten Weltkrieg den Plan, an den Ufern des Theikenmeers ein Hümmlinger Freilichtmuseum einzurichten. Krieg und Inflation machten diese reizvolle Idee allerdings zunichte.

Zurück am geteerten Feldweg geht es links, dann rechts in den *Meerweg*, am Wegende links und hinter der Bahn rechts an der *Ostenwalder Straße* zum **Großsteingrab Ostenwalde** ⓫. 40,0 km

Aufgrund einer Kreuzungserweiterung im Jahre 1971 konnte das **Megalithgrab** nicht mehr an seinem ursprünglichen Standort bleiben. Es musste umgesetzt werden. Hierbei rekonstruierte man die Grabkammer, sodass heute sehr schön die Ausgestaltung der »Emsländischen Kammer« zu sehen ist. Sie war für viele der 4000-4500 Jahre alten Gräber der Region typisch.

Über den Radweg entlang der leider etwas verkehrsreicheren *Ostenwalder Straße* radeln wir 6,2 km geradeaus zurück nach **Werlte**. An der **Kirche** geht es rechts in die *Poststraße* und links in den *Meyerhof* zum **Bibelgarten** ❶. 46,4 km